CÓMO
ORAR
EN EL
ESPÍRITU

JUAN BUNYAN

CÓMO ORAR EN EL ESPÍRITU

Treinta y una lecturas para el tiempo de oración personal

Editado y actualizado por L. G. Parkhurst, hijo

PORTAVOZ

La misión de *Editorial Portavoz* consiste en proporcionar productos de calidad
—con integridad y excelencia—, desde una perspectiva bíblica y confiable,
que animen a las personas a conocer y servir a Jesucristo.

Título del original: *How to Pray in the Spirit*, © 1991 por Louis
Gifford Parkhurst, hijo, y publicado por Kregel Publications,
Grand Rapids, Michigan 49501.

Edición en castellano: *Cómo orar en el Espíritu*, © 2003 por Louis
Gifford Parkhurst, hijo, y publicado por Editorial Portavoz, filial
de Kregel Publications, Grand Rapids, Michigan 49501. Todos
los derechos reservados.

A menos que se indique lo contrario, todas las citas bíblicas han sido tomadas de la versión Reina-Valera 1960,
© Sociedades Bíblicas Unidas. Todos los derechos reservados.

Traducción: José Luis Martínez

EDITORIAL PORTAVOZ
P.O. Box 2607
Grand Rapids, Michigan 49501 USA

Visítenos en: www.portavoz.com

ISBN 978-0-8254-0505-1

3 4 5 edición / año 13 12 11

Impreso en los Estados Unidos de América
Printed in the United States of America

*La oración es abrir el corazón o el alma a
Dios en una forma sincera, sensible y afectuosa,
por medio de Cristo, con la ayuda y en el poder del
Espíritu Santo, para cosas como las que Dios ha prometido,
o que son conforme a la Palabra de Dios, para el
bien de la Iglesia, sometiéndonos en
fe a la voluntad de Dios.*

Juan Bunyan, cárcel de Bedford,
1662

CONTENIDO

UNA NOTA SOBRE EL TEXTO

El material sobre la oración de este libro está tomado de *Las obras completas de Juan Bunyan*, editadas por George Offor y publicadas por *Blackie and Sons* en Londres en 1875. Al editar las treinta y una meditaciones, he actualizado por completo el texto, he acortado oraciones y he cambiado palabras obsoletas. Los títulos de las meditaciones son míos, así como las divisiones en las treinta y una meditaciones. Estas meditaciones están tomadas del discurso de Bunyan titulado *On Praying in the Spirit* (Oremos en el Espíritu). En muchos casos, he citado completas las referencias bíblicas de Bunyan en todo lugar donde eran de ayuda.

He puesto con mayúscula todas las referencias a la divinidad cuando aparece mencionada mediante un pronombre en el texto de Bunyan. *Cómo orar en el Espíritu* es un texto completamente revisado de mi *Libro de oración del peregrino* por Juan Bunyan.

Creo que el texto es fiel a lo que Bunyan hubiera querido para los lectores de hoy, y confío que el formato devocional atraerá a más lectores del excelente material sobre la oración del autor que lo que se hubiera conseguido de otro modo.

INTRODUCCIÓN

Juan Bunyan nació cerca de Bedford, Inglaterra, en el 1628. Un pensador sin recursos ni cultura, apenas sabía leer cuando se convirtió a Cristo y fue luego llamado al ministerio cristiano. Su amor por la Palabra de Dios le estimuló a aprender a leer bien, y empezó a escribir prolíficamente con su Biblia en las manos. Luchó por la libertad religiosa en Inglaterra, y en 1660, fue encarcelado por predicar en público. En la soledad de su celda, Bunyan aprendió cómo orar y encontró que el Espíritu Santo era verdaderamente su Consolador. En esa misma celda se sintió inspirado a escribir no solo las palabras que componen este libro, sino también el gran clásico de la literatura cristiana, *El progreso del peregrino*.

En 1662, escribió sus pensamientos sobre la oración: pensamientos forjados en el yunque de la persecución religiosa. Su esposa había luchado en vano para obtener su libertad de la cárcel de Bedford en 1661, y él se enfrentaba a un futuro incierto. Recibió consuelo de dos libros que tenía en su poder mientras escribía estas meditaciones sobre la oración: la Biblia y *Fox's Book of Martyrs* (El libro de los mártires de Fox). Aprendió en estos libros que la única forma de glorificar a Dios en sus sufrimientos, incluso si él estaba destinado al patíbulo, era asistir a "La escuela de oración de Dios", para orar frecuente y profundamente. Anotó cuidadosamente lo que aprendió acerca de la oración, y luego pasó las hojas de sus manuscritos a través de las rejas de la cárcel para animar a su esposa y a los que enfrentaban la persecución, el encarcelamiento y la muerte fuera de su celda de la cárcel. Después de que lo soltaron de la prisión en 1672, volvió a la predicación pública y a seguir escribiendo. Falleció en 1688.

He editado y actualizado el lenguaje de sus escritos sobre la oración en estas meditaciones diarias para el lector de hoy. A continuación de cada meditación, he escrito mi propia oración. Confío que mis oraciones animen al lector a elevar a Dios las suyas propias, aplicando los principios de Bunyan a su situación. Encontrará que las meditaciones de Bunyan son sencillas, directas y ricas en las Escrituras y sus aplicaciones. Usó la repetición con gran acierto para inculcar firmemente sus ideas clave en el corazón y mente de los lectores, y yo he seguido esa práctica en estas devociones.

He adoptado también el propósito de Bunyan al editar estas meditaciones. Él quiere que oremos tanto con el espíritu como con la mente. Quiere que lo hagamos en una forma razonable según las Escrituras y bajo el poder y dirección del Espíritu. Así como Bunyan condenó la forma mecánica, sin corazón e hipócrita que puede existir en el uso de muchos libros y técnicas de oración, yo también confío que *Cómo orar en el Espíritu* le conceda al lector mayor comprensión y libertad de expresión en su relación personal con Dios por medio de Cristo Jesús. Espero que nunca necesite apoyarse en las oraciones impresas de otros como su único medio de acceso al trono de la gracia, sino que descubrirá el poder y la presencia del Espíritu Santo quien le dirigirá a orar de manera aceptable a Dios

Con amor en el Cordero de Dios resucitado,
L. G. Parkhurst, hijo

LA VERDADERA ORACIÓN

Dios nos manda que oremos. Nos manda que los hagamos en público y en privado. La oración lleva a los que tienen el espíritu de súplica a disfrutar de una maravillosa comunión y compañerismo con Dios; por tanto, Dios ha ordenado la oración como un medio para que crezcamos en la relación personal con Él.

Cuando oramos frecuente y activamente, nuestras oraciones obtienen grandes bendiciones de parte de Dios, tanto para aquellos por los que oramos como para nosotros mismos. La oración abre nuestro corazón a Dios. Nuestras oraciones son el medio mediante el cual Dios llena nuestra alma, aunque vacía, hasta rebosar. En nuestras oraciones, los cristianos podemos abrir nuestro corazón a Dios como a un amigo, y recibir una renovada confirmación de su amistad con nosotros.

Podría dedicar muchas palabras a distinguir entre la oración pública y la privada. Podría también distinguir entre la oración en el corazón y la oración expresada en voz alta. A veces también podría hablar en cuanto a las diferencias entre los dones y las gracias de la oración. Pero prefiero dedicarme a mostrarle tan solo el corazón de la oración, sin lo cual todos nuestros gestos piadosos, tanto de las manos como de los ojos y de la voz, no tendrían ningún propósito.

Necesitamos aprender y aplicar lo que las Escrituras nos enseñan. Pablo escribió y nos dio un ejemplo: "Oraré con el espíritu" (1 Co. 14:15). Por lo tanto, les diré: primero, lo que es la verdadera oración; segundo, lo que es orar con el Espíritu Santo; tercero, lo que es orar con el Espíritu y con la mente; y cuarto, cuales son algunos usos y aplicaciones de lo que hemos explicado acerca de la oración.

La oración es abrir el corazón o el alma a Dios en una forma sincera, sensible y afectuosa, por medio de Cristo, con la ayuda y en el poder del Espíritu Santo, para cosas como las que Dios ha prometido, o que son conforme a la Palabra de Dios, para el bien de la Iglesia, sometiéndonos en fe a la voluntad de Dios.

Esta definición incluye siete cosas que debo explicar en detalle en las siguientes páginas. Primero, sus oraciones deben ser sinceras. Segundo, sus oraciones deben ser sensibles. Tercero, sus oraciones deben servir para abrir afectuosamente su alma a Dios el Padre por medio de Cristo Jesús. Cuarto, si quiere que sus oraciones sean eficaces, debe orar con el poder y la ayuda del Espíritu Santo. Quinta, para que sus oraciones sean respondidas conforme a la voluntad de Dios, debe orar por cosas tales como las que Dios ha prometido, o que sean conforme a su Palabra, la Biblia. Sexta, sus oraciones no debieran ser egoístas, sino que debieran tener en mente el bien de la Iglesia así como el de otros. Séptimo, debería orar siempre en fe y con sometimiento a la voluntad de Dios.

ORACIÓN

Oh Dios, las presiones de mi vida tan ocupada pesan sobre mí, y confieso que no he dedicado tiempo a desarrollar una familiaridad y compañerismo profundos contigo. No he abierto en realidad mi corazón a ti, ni tampoco he dedicado tiempo a conocer por experiencia la disposición de tu corazón hacia mí. Ayúdame a que durante los próximos días dedique tiempo a aprender acerca de la verdadera oración por medio de un hombre del que se enseñoreó el Espíritu Santo mediante la oración, que supo lo que era aprender acerca de ti dentro de las paredes de la cárcel. Ayúdame a orar a fin de conocerte mejor. Ayúdame a orar a fin de que pueda ser fortalecido para dar testimonio delante de los que necesitan aceptar la verdad del evangelio de tu amado Hijo, en cuyo nombre oro. Amén.

LA ORACIÓN SINCERA

Debo recordarle que:

*La oración es abrir el corazón o el alma a Dios
en una forma sincera, sensible y afectuosa, por medio de
Cristo, con la ayuda y en el poder del Espíritu Santo,
para cosas como las que Dios ha prometido, o que son
conforme a la Palabra de Dios, para el bien de la Iglesia,
sometiéndonos en fe a la voluntad de Dios.*

Recuerde, sus oraciones deben siempre abrir sinceramente su corazón o alma a Dios. La sinceridad es una gracia que corre a través de todas las gracias de Dios en nosotros. La sinceridad debería controlar e impregnar todas las acciones de un cristiano. Si sus acciones no son sinceras, entonces usted no va a tener la aprobación de Dios.

Lo que debe ser cierto en cuanto a las acciones sinceras será igualmente verdad de la oración. David habla de esto cuando menciona sus propias oraciones: "A él clamé con mi boca, y fue exaltado con mi lengua. Si en mi corazón hubiese yo mirado a la iniquidad, el Señor no me habría escuchado. Mas ciertamente me escuchó Dios; atendió a la voz de mi súplica" (Sal. 66:17-19).

La sinceridad es un elemento crucial en la oración. A menos que seamos sinceros, Dios no va a considerar nuestras palabras como una oración en el mejor sentido:

> "Oh alma mía, dijiste a Jehová: Tú eres mi Señor;
> no hay para mí bien fuera de ti.
> Para los santos que están en la tierra,
> y para los íntegros, es toda mi complacencia.
> Se multiplicarán los dolores de aquellos
> que sirven diligentes a otro Dios.
> No ofreceré yo sus libaciones de sangre,
> ni en mis labios tomaré sus nombres".
>
> (Sal. 16: 2-4)

Y Dios también nos dice: "Entonces me invocaréis, y vendréis y oraréis a mí, y yo os oiré; y me buscaréis y me hallaréis, porque me buscaréis de todo vuestro corazón" (Jer. 29:12, 13).

El Señor ha rechazado muchas oraciones por su falta de sinceridad. Dios dijo por medio de los profetas: "Y no clamaron a mí con su corazón", es decir, con sinceridad, "cuando gritaban sobre sus camas" (Os. 7:14). Sus oraciones eran pretenciosas. Sus oraciones eran hipócritas, un espectáculo para que los vieran los demás. Oraban para ser aplaudidos por sus ruidosas oraciones.

Jesucristo elogió a Natanael por su sinceridad cuando estaba sentado bajo la higuera. Leemos: "Cuando Jesús vio a Natanael que se le acercaba, dijo de él: He aquí un verdadero israelita, en quien no hay engaño" (Jn. 1:47). Supongo que este buen hombre estaba abriendo su corazón a Dios en oración debajo de la higuera. Jesús sabía que oraba con un espíritu sincero y genuino delante del Señor. La sinceridad es uno de los principales ingredientes en la oración que llevan a Dios a escucharla y considerarla. Así, pues, "el sacrificio de los impíos es abominación a Jehová; mas la oración de los rectos es su gozo" (Pr. 15:8).

¿Por qué debe ser la sinceridad un elemento esencial de la oración que es aceptable para Dios? Porque la sinceridad le lleva a abrir su corazón a Dios con toda sencillez y a hablarle de su situación claramente y sin equívocos (evasivas). La sinceridad en la oración estimula su corazón a condenar su pecado sin rodeos, sin ocultar los hechos, intenciones o sentimientos bajo falsas excusas ni disimulos.

Cuando oramos de corazón, clamamos a Dios con ganas sin halagarnos a nosotros mismos o elogiar nuestra justicia. El Señor le declaró al profeta Jeremías:

> "Escuchando, he oído a Efraín que se le lamentaba:
> Me azotaste, y fui castigado como novillo indómito;
> conviérteme, y seré convertido, porque tú eres Jehová mi Dios.
> Porque después que me aparté tuve arrepentimiento,
> y después que reconocí mi falta, herí mi muslo;
> me a...oncé y me confundí,
> porque llevé la afrenta de mi juventud".
>
> (Jer. 31:18, 19)

La sinceridad es siempre igual en una persona, ya sea que ore en un rincón a solas o delante de todo el mundo. La sinceridad no sabe cómo llevar dos máscaras diferentes, una para aparentar delante de los demás y otra en un rincón para un momento breve con Dios. Los cristianos sinceros deben tener a *Dios*. Deben estar con Él en lo que ellos conocen como el deber placentero de la oración del corazón.

La oración sincera no es de labios para afuera, porque Dios examina el corazón. La oración del corazón mira a Dios. La oración del corazón y del alma que Dios reconoce es aquella oración de sus hijos que va acompañada de sinceridad.

ORACIÓN

Oh Señor, mi Dios, deseo que tú me encuentres a mí como Jesús halló a Natanael a lo largo del camino: en oración de profunda sinceridad y devoción a ti. Confieso que algunos de mis motivos para orar han sido egoístas e interesados. Reconozco que a menudo no he dedicado tiempo a examinar mi corazón y a abrirlo completamente delante de ti en oración. Por el contrario, he acudido a ti buscando solo cosas que yo quería que tú hicieras por mí. Me inclino ante ti, oh Dios, en humilde sometimiento, y te pido que pongas en mí un corazón limpio y me des un espíritu recto. Al examinar mi propio corazón, acudo a ti en completa sinceridad de que seré conocido como tuyo y tú serás conocido como mío, para que tu Hijo pueda ensalzarme cuando nos encontremos, para que no haya nada falso en mí, para que me sienta libre de orar en el nombre del Salvador sabiendo que estoy limpio por su sangre expiatoria. Amén.

CÓMO ORAR POR MISERICORDIA

La oración es abrir el corazón o el alma a Dios en una forma sincera, sensible *y afectuosa, por medio de Cristo, con la ayuda y en el poder del Espíritu Santo, para cosas como las que Dios ha prometido, o que son conforme a la Palabra de Dios, para el bien de la Iglesia, sometiéndonos en fe a la voluntad de Dios.*

La oración no es soltar una pocas expresiones de un parloteo elogioso y de vanas repeticiones, sino un sentimiento sensato en el corazón. La oración es sensible a muchas cosas diferentes. A veces oramos con un sentido de pecado, otras veces con un sentido de misericordia que necesitamos o recibimos, y otras veces con un sentido de que Dios está listo para otorgarnos su misericordia y perdón.

Debido a que comprendemos el peligro del pecado, sentimos a menudo en oración nuestra necesidad de misericordia. Nuestra alma siente. Ese sentimiento nos hará suspirar y gemir, y ablandará el corazón. La oración correcta puede rebosar del corazón cuando está presionada por el dolor y la amargura. Cuando Ana oraba por un hijo, la Biblia dice: "Con amargura de alma oró a

Jehová, y lloró abundantemente", y el Señor escuchó su oración y concibió y dio a luz al gran profeta Samuel (1 S. 1:10).

David describe algunas de sus oraciones diciendo: "Cansado estoy de llamar; mi garganta se ha enronquecido; han desfallecido mis ojos esperando a mi Dios" (Sal. 69:3). David clama, llora, se debilita su corazón, languidecen sus ojos: "Estoy debilitado y molido en gran manera; gimo a causa de la conmoción de mi corazón. Señor, delante de ti están todos mis deseos; y mi suspiro no te es oculto. Mi corazón está acongojado, me ha dejado mi vigor, y aun la luz de mis ojos me falta ya" (Sal. 38:8-10).

Ezequías gemía como una paloma: "Como la grulla y como la golondrina me quejaba; gemía como la paloma; alzaba en alto mis ojos. Jehová, violencia padezco; fortaléceme" (Is. 38:14). Efraín se quejaba delante del Señor y el Señor escuchó su clamor: "He oído a Efraín que se lamentaba" (Jer. 31:18).

En el Nuevo Testamento encontramos las mismas cosas. Pedro lloró amargamente: "Entonces Pedro se acordó de las palabras de Jesús, que le había dicho: Antes que cante el gallo, me negarás tres veces. Y saliendo fuera, lloró amargamente" (Mt. 26:75). Cristo clamó con voz fuerte y lágrimas en sus oraciones: "En los días de su carne, ofreciendo ruegos y súplicas con gran clamor y lágrimas al que le podía librar de la muerte, fue oído a causa de su temor reverente" (He. 5:7). Cristo clamó y lloró debido a su sentido de la justicia de Dios, de la culpabilidad del pecado y de los dolores del infierno y de la destrucción.

Encontramos gran consuelo en los salmos cuando expresan nuestra interna sensibilidad en oración:

> "Amo ha Jehová, pues ha oído mi voz y mis súplicas;
> porque ha inclinado a mí su oído;
> por tanto, le invocaré en todos mis días.
> Me rodearon ligaduras de muerte,
> me encontraron las angustias del Seol;
> angustia y dolor había yo hallado.
> Entonces invoqué el nombre de Jehová, diciendo:
> Oh Jehová, libra ahora mi alma"
>
> (Sal. 116:1-4).

En todas las situaciones que hemos mencionado, y en cientos más que podríamos citar de las Escrituras, usted puede ver que la oración lleva en sí misma una sensibilidad, una disposición de sentimiento, y a menudo tiene un sentido de lo espantoso que es el pecado.

Cuando abrimos nuestro corazón y alma a Dios en forma sincera y sensible en nuestras oraciones, entonces recibirá a veces un dulce sentido de misericordia que le alienta, le consuela, le fortalece, le reaviva y le ilumina. Por esa razón David abre su alma para bendecir, alabar y admirar la grandeza de Dios por su amor y compasión por pecadores tan menospreciables:

> "Bendice, alma mía, a Jehová,
> y no olvides ninguno de sus beneficios.
> Él es quien perdona todas tus iniquidades,
> el que sana todas tus dolencias;
> el que rescata del hoyo tu vida,
> el que te corona de favores y misericordias;
> el que sacia de bien tu boca
> de modo que te rejuvenezcas como el águila"
>
> (Sal. 103:2-5).

Las oraciones de los santos a veces están llenas de alabanza y acción de gracias. Este es un gran misterio: el pueblo de Dios ora con sus alabanzas, como está escrito:

"Regocijaos en el Señor siempre. Otra vez digo: ¡Regocijaos! Vuestra gentileza sea conocida de todos los hombres. El Señor está cerca. Por nada estéis afanosos, sino sean conocidas vuestras peticiones delante de Dios en toda oración y ruego, con acción de gracias. Y la paz de Dios que sobrepasa todo entendimiento, guardará vuestros corazones y vuestros pensamientos en Cristo Jesús" (Fil. 4:4-7).

Cuando usted ora a Dios con una gratitud sensible por las misericordias que ha recibido de su mano, su oración es poderosa a los ojos de Dios. Esa oración prevalece con Él indeciblemente.

A veces en oración, nuestra alma tiene un sentido de la misericordia que necesitamos recibir. Esto llena nuestra alma de fervor como David oró:

> "Porque tú, Jehová de los ejércitos, Dios de Israel,
> revelaste al oído de tu siervo, diciendo: Yo te edificaré
> casa. Por eso tu siervo ha hallado en su corazón valor
> para hacer delante de ti esta súplica. Ahora pues, Jehová
> Dios, tú eres Dios, y tus palabras son verdad, y tú has
> prometido este bien a tu siervo"
>
> (2 S. 7:27, 28).

Jacob, David, Daniel y otros recibieron un sentido de que

Dios quería bendecirlos. Esto los animó a orar, no a tropezones (trancas y barrancas, a rachas), no para repetir de manera descuidada una pocas palabras escritas en un papel, sino para clamar delante del Señor acerca de su situación en forma ferviente, poderosa y persistente, siendo sensibles, digo *sensibles*, de sus necesidades, de su miseria, y de la disposición de Dios de mostrarles a ellos su misericordia.

ORACIÓN

Oh Señor, a veces gimo bajo la agonía de pecados no confesados y sin haberme arrepentido de ellos; perdóname por pensar que puedo esconder de ti mis pensamientos más íntimos. Gimo cuando veo los terribles efectos que el pecado tiene sobre mi vida y sobre las vidas de otros. Gimo y agonizo sobre el estado de este mundo caído y por el mal que le causan los enemigos crueles y sin corazón de tu reino. Oro ahora por misericordia, y te pido que me confirmes mediante tu Palabra que la victoria está ciertamente ganada por medio de la fe en Cristo Jesús.

Señor, a medida que oro, te alabo y te doy gracias por tus preciosas promesas de las Escrituras que puedo aplicar a las necesidades y agobios de mi vida diaria. Te alabo porque por medio del sacrificio que hiciste en la cruz, he recibido misericordia sobre misericordia tanto en esta vida como en la venidera. Usa mis aflicciones, oh Dios, para demostrar tu amor y poder, sabiduría y fidelidad, incluso para la alabanza de tu gloria. Amén.

LA ORACIÓN DEBE SER AFECTUOSA

La oración es abrir el corazón o el alma a Dios en una forma sincera, sensible y afectuosa, por medio de Cristo, con la ayuda y en el poder del Espíritu Santo, para cosas como las que Dios ha prometido, o que son conforme a la Palabra de Dios, para el bien de la Iglesia, sometiéndonos en fe a la voluntad de Dios.

¡Oh, cuánto calor, fortaleza, vida, vigor y afecto encontrará en la oración correcta! ¿Puede orar en su corazón con las palabras de estos salmos? "Como el ciervo brama por las corrientes de las aguas, así clama por ti, oh Dios, el alma mía" (Sal. 42:1). "He aquí yo he anhelado tus mandamientos; vivifícame en tu justicia" (Sal. 119:40). "He deseado tu salvación, oh Jehová, y tu ley es mi delicia" (Sal. 119:174). "Anhela mi alma y aun ardientemente desea los atrios de Jehová; mi corazón y mi carne cantan al Dios vivo" (Sal. 84:2). "Quebrantada está mi alma de desear tus juicios en todo tiempo" (Sal. 119:20). Note esta oración: "Quebrantada está mi alma de desear". ¡Oh, cuánto afecto puede haber en la oración!

Encontramos una devoción semejante en Daniel: "Oye,

Señor; oh, Señor, perdona; presta oído, Señor, y hazlo; no tardes, por amor de ti mismo, Dios mío; porque tu nombre es invocado sobre tu ciudad y sobre tu pueblo" (Dn. 9:19). Cada sílaba lleva una gran vehemencia y urgencia en ella. Esto es lo que el apóstol Santiago llama la oración ferviente, u oración eficaz. Y eso es lo que se dice una y otra vez de Jesús: "Y estando en agonía, oraba más intensamente; y era su sudor como grandes gotas de sangre que caían hasta la tierra" (Lc. 22:44).

Jesús tenía sus afectos extendidos hacia Dios buscando su mano ayudadora. ¡Oh, cuán lejos está la mayoría de las personas de los ejemplos de la Biblia cuando oran! En la opinión de Dios, la oración debe ser hecha con fervor y urgencia. ¡Ay! La mayoría de las personas no tiene conciencia del deber de la oración; y para las que lo tienen, temo que muchas de ellas no le prestan atención a abrir el corazón o el alma a Dios de forma sincera, sensible y afectuosa. Demasiados se contentan con simples ejercicios de labios para afuera, oraciones dichas de forma mecánica; diciendo entre dientes una pocas oraciones imaginarias. Cuando sus afectos están verdaderamente involucrados, e involucrados de tal manera que su alma no se va a distraer con nada, sino a concentrarse en el bien deseado, usted disfrutará de comunión y consuelo con Cristo. Y a esto han dedicado los santos sus fuerzas y han perdido su vida, antes que quedarse sin la bendición que Dios tenía reservada para ellos.

ORACIÓN

Querido Padre, te amo con todo mi corazón y mi ser. Tú me has dado vida y luz en Cristo Jesús. Me has dado un mundo en el que toda la creación apunta hacia ti y a tu divino carácter y gracia. Me has dado la oportunidad de unirme a todos los santos en oración por la Iglesia y por su establecimiento en todos los lugares de la tierra. Anhelo verte en toda tu belleza y excelencia, y eso anhelo me fortalece en mi peregrinación. Anhelo que vengas de nuevo en poder y gloria. Anhelo la redención de toda la creación, que gime ser liberada de la sujeción a la decadencia. Me deleito en la promesa de que habrá un tiempo cuando lo veremos todo cara a cara en vez de verlo reflejado borrosamente como en un espejo. Lléname ahora con tu Santo Espíritu como un medio para no solo amarte de forma perfecta, sino para fortalecerme para las tareas que tengo aquí en la tierra. Te lo pido por el amor de Jesús. Amén.

capítulo

5

ABRA SU CORAZÓN A DIOS

La oración es abrir el corazón o el alma a Dios en una forma sincera, sensible y afectuosa, por medio de Cristo, con la ayuda y en el poder del Espíritu Santo, para cosas como las que Dios ha prometido, o que son conforme a la Palabra de Dios, para el bien de la Iglesia, sometiéndonos en fe a la voluntad de Dios.

Cuando usted ora, abre su corazón o su alma a Dios. La oración es desahogarse, es aliviarse al derramar su corazón ante Dios, es abrir afectuosamente su alma en solicitudes, suspiros y gemidos. David dice: "Señor, delante de ti están todos mis deseos, y mi suspiro no te es oculto" (Sal. 38:9). Y en el Salmo 42:2, 4 agrega:

"Mi alma tiene sed de Dios, del Dios vivo;
¿Cuándo vendré, y me presentaré delante de Dios?...
Me acuerdo de estas cosas, y derramo mi alma dentro de mí;
de cómo yo fui con la multitud y la conduje hasta la casa
    de Dios,
entre voces de alegría y de alabanza del pueblo en fiesta"

27

Note especialmente sus palabras: "derramo mi alma dentro de mí". Esta expresión significa que en la oración usted entrega toda su vida y fuerzas a Dios. Y en otro lugar David declara: "Esperad en él en todo tiempo, oh pueblos; derramad delante de él vuestro corazón; Dios es nuestro refugio" (Sal. 62:8).

En este tipo de oración Dios nos promete liberarnos, a nosotros pobres criaturas, de la cautividad: "Mas si desde allí buscares a Jehová tu Dios, lo hallarás, si lo buscares de todo tu corazón y de toda tu alma" (Dt. 4:29).

La oración debe ser un abrir el corazón o el alma a Dios. Esto muestra la excelencia del espíritu de oración. La oración se centra en el gran Dios del universo. Alguien puede preguntar: "¿Cuándo acudir y presentarse ante Dios?" Nuestra respuesta es que el que de verdad ora a Dios, lo hace cuando ve un vacío en todas las cosas debajo del cielo, cuando se da cuenta de que solo en Dios hay verdadera satisfacción para el alma. Pablo escribió: "Mas la que en verdad es viuda y ha quedado sola, espera en Dios, y es diligente en súplicas y oraciones noche y día" (1 Ti. 5:5). David expresa el mismo sentimiento:

> "En ti, oh Jehová, me he refugiado;
> no sea yo avergonzado jamás.
> Socórreme y líbrame en tu justicia;
> inclina tu oído y sálvame.
> Sé para mí una roca de refugio,
> adonde recurra yo continuamente.
> Tú has dado mandamiento para salvarme,
> porque tú eres mi roca y mi fortaleza.
> Dios mío, líbrame de la mano del impío,
> de la mano del perverso y violento.
> Porque tú, oh Señor Jehová, eres mi esperanza,
> seguridad mía desde mi juventud"
>
> (Sal. 71:1-5).

Para orar correctamente, usted debe hacer que Dios sea su esperanza, morada y su todo. La oración correcta ve que todo lo demás, en comparación con Dios, es relativo y no merece la pena. Y que eso lo hace la oración, como dije antes, en una forma sincera, sensible y afectuosa.

ORACIÓN

Oh Señor, mis enemigos me rodean por todas partes, incluso mis enemigos espirituales. Me hubieran hundido de nuevo en el lodo cenagoso de mi pecado y derrotado. Me hubieran seducido de nuevo a pecar. O hubieran arrastrado a otros a pecar contra mí. Protégeme, oh mi Dios. Envía a tus ángeles ministradores para atender a mis necesidades. Que edifiquen una cerca protectora a mi alrededor para que los dardos del maligno no lleguen a mi corazón. Oh Señor, te entrego toda mi vida. ¿A quién puedo acudir sino a ti, oh Dios? Tú eres mi fortaleza y mi redentor. Pongo mi confianza en ti y no temeré, porque tú estás es tu trono y yo estoy siempre delante de ti por medio del sacrificio de Cristo Jesús. En su nombre elevo mis oraciones a ti. Amén.

capítulo

6

LA ORACIÓN POR MEDIO DE CRISTO

La oración es abrir el corazón o el alma a Dios en una forma sincera, sensible y afectuosa, por medio de Cristo, con la ayuda y en el poder del Espíritu Santo, para cosas como las que Dios ha prometido, o que son conforme a la Palabra de Dios, para el bien de la Iglesia, sometiéndonos en fe a la voluntad de Dios.

Debemos añadir por *medio de Cristo* a toda consideración de la oración con el fin de saber si es o no una verdadera oración, aunque en apariencia pueda parecer eminente y elocuente.

Cristo es el camino. Jesucristo es la persona por medio de la cual tenemos acceso a la presencia de Dios. Sin Cristo, nuestros deseos no caerán bajo el cuidado de Dios. Las Escrituras lo indican muy claramente, porque Jesús declaró: "Yo soy el camino, y la verdad, y la vida; nadie viene al Padre, sino por mí" (Jn. 14:6). Y notemos, además, que Jesús también dijo: "Y todo lo que pidiereis al Padre en mi nombre, lo haré, para que el Padre sea glorificado en el Hijo. Si algo pidiereis en mi nombre, yo lo haré" (Jn. 14: 13, 14).

Así lo hizo Daniel cuando oró por el pueblo de Dios. Lo hizo en el nombre de Cristo: "Ahora pues, Dios nuestro, oye la oración de tu siervo, y sus ruegos; y haz que tu rostro resplandezca sobre tu santuario asolado, por amor del Señor" (Dn. 9:17). Y encontramos que David hizo lo mismo: "Por amor de tu nombre, oh Jehová", es decir, en el nombre de Cristo, "perdonarás también mi pecado, que es grande" (Sal. 25:11).[1]

No todos los que mencionan el nombre de Cristo en oración auténtica, oran verdadera y eficazmente a Dios en el nombre de Cristo o por medio de Él. La parte más difícil en la oración es acercarse a Dios por medio de Cristo. Una persona puede ser sensible a las obras del Señor y desear sinceramente su misericordia y, no obstante, no ser capaz de ir a Dios por medio de Él. La persona que acude a Dios por medio de Cristo debe primero tener conocimiento de Él: "Pero sin fe es imposible agradar a Dios; porque es necesario que el que se acerca a Dios crea que le hay, y que es galardonador de los que le buscan" (He. 11:6). Y los que acuden a Dios por medio de Cristo deben estar posibilitados de conocerle. "Si he hallado gracia en tus ojos", dijo Moisés, " te ruego que me muestres ahora tu camino, para que te conozca, y halle gracia en tus ojos" (Éx. 33:13).

---

1. *Algunos estudiosos (eruditos) de la Biblia han enseñado (junto con Bunyan aquí) que Daniel, David, Moisés y algunos otros santos del Antiguo Testamento conocieron a Cristo Jesús, el Hijo de Dios, en su estado anterior a la encarnación (antes que naciera). Jesús probablemente lo enseñó también en Mateo 22:41-46:*
   "Y estando juntos los fariseos, Jesús les preguntó, diciendo: ¿Qué pensáis del Cristo? ¿De quién es hijo? Le dijeron: De David. Él les dijo: ¿Pues cómo David en el Espíritu le llama Señor, diciendo: Dijo el Señor a mi Señor: Siéntate a mi derecha, hasta que ponga a tus enemigos por estrado de mis pies? Pues si David le llama Señor, ¿cómo es su hijo? Y nadie le podía responder palabra; ni osó alguno desde aquel día preguntarle más".
   La implicación de este versículo es que David vio al Mesías, el Hijo de Dios, sentado a la diestra de Dios antes de que naciera y oró llamándole "Señor". Él vio y escuchó a Dios el Padre decir a Dios el Hijo: "Siéntate a mi derecha". Jesús pregunta, si esto es así, ¿cómo puede el Mesías ser también el hijo de David? Los escribas y los fariseos no querían admitir la implicación de que Cristo Jesús existía como el hijo de Dios antes de nacer de María, por eso no se atrevieron "desde aquel día a preguntarle más". Véase también Marcos 12:36; Lucas 20:42 y la aplicación de Pedro de este pasaje en Hechos 2:34. Hay muchos nombres del Antiguo Testamento, tales como Escudo, Refugio y Torre, que los cristianos los han aplicado a Cristo Jesús. Para un estudio completo de estos nombres véase Los nombres de Cristo, *de T. C. Horton y Charles E. Hurlburt, Grand Rapids: Editorial Portavoz, 1999).*

Nadie sino el Padre puede verdaderamente revelar a Cristo Jesús a su alma. "Todas las cosas me fueron entregadas por mi Padre; y nadie conoce al Hijo, sino el Padre, ni al Padre conoce alguno, sino el Hijo, y aquel a quien el Hijo lo quiera revelar (Mt. 11:27). Acudir a Dios por medio de Cristo Jesús significa que Dios le ha puesto a usted bajo la sombra del Señor Jesús, como una persona es puesta bajo un refugio para su protección. De ahí que David a menudo llama a Cristo su escudo, refugio, torre, castillo y roca de defensa (véase los Salmos 18, 27 y 28). David ora de esta manera no solo porque vence a sus enemigos por medio de Cristo, sino porque a través de Él halla gracia con Dios el Padre.

De igual manera, Dios le dijo a Abraham en una visión: "No temas, Abram yo soy tu escudo, y tu galardón será sobremanera grande" (Génesis 15:1). Por tanto, la persona que acude a Dios por medio de Cristo debe tener fe, mediante la cual pone su confianza en Él, de manera que se presenta ante Dios en Cristo.

La persona que tiene fe ha nacido de Dios o ha nacido de nuevo, de modo que llega a ser uno de los hijos de Dios. Queda unido por la fe a Cristo y hecho miembro de Él. "Respondió Jesús: De cierto, de cierto te digo, que el que no naciere de agua y del Espíritu, no puede entrar en el reino de Dios. Lo que es nacido de la carne, carne es; y lo que es nacido del Espíritu, espíritu es" (Jn. 3:5, 6). Por lo tanto, le digo a usted que ha nacido de nuevo, como un miembro de Cristo usted puede acudir a Dios. Usted puede orar como un miembro de Cristo, de modo que Dios le ve como una parte de Cristo, como una parte de su cuerpo, su carne y sus huesos. Está unido a Él por elección, conversión, iluminación y por el Espíritu Santo que le ha sido puesto en su corazón por Dios: "Porque somos miembros de su cuerpo" (Ef. 5:30).

Así, pues, podemos acudir a Dios en los méritos de Cristo, en su sangre, en su justicia, en su victoria e intercesión. Podemos estar en la presencia de Dios, ser aceptados en aquel que Él ama (véase Ef. 1:6). Porque usted es un miembro del Señor Jesucristo, porque está bajo esta consideración, es admitido en la presencia de Dios y puede acudir a Dios en oración. Por virtud de su unión con Cristo, recibe el Espíritu Santo que mora en usted. Por esta razón, usted está habilitado para abrirse (derramarse) a sí mismo delante de Dios en oración, con su atención centrada en usted y con su disposición de responder.

ORACIÓN

Oh Señor, te doy las gracias porque acudo a ti por medio de Cristo Jesús en todas mis oraciones, porque su sangre derramada a mi favor me limpia de mis pecados y me habilita para acercarme al trono de la gracia. Quiero reconocer más conscientemente mi necesidad de Jesús en todo lo que hago, y especialmente en mis oraciones. Que yo pueda honrarle más al buscar glorificarte a ti en todas mis oraciones. Enséñame a orar por todas aquellas cosas que serán buenas para el progreso de tu iglesia. Inspírame mediante tu Espíritu Santo a orar por aquellas personas y cosas por las que tú hubieras orado, en la confianza de que escucharás y responderás a mi oración elevadas a ti en el nombre y por el amor de Jesús. Amén.

LA ORACIÓN EN EL ESPÍRITU SANTO

La oración es abrir el corazón o el alma a Dios en una
forma sincera, sensible y afectuosa, por medio de Cristo,
con la ayuda y en el poder del Espíritu Santo,
para cosas como las que Dios ha prometido, o que son
conforme a la Palabra de Dios, para el bien de la Iglesia,
sometiéndonos en fe a la voluntad de Dios.

Orar por medio de Cristo, orar en unión con Cristo y orar con la ayuda y en el poder del Espíritu Santo dependen tanto uno de otro que encontrará que es imposible que nuestras oraciones puedan ser *oraciones* aparte de esa relación. Aunque algunas oraciones pueden ser famosas, aparte de Cristo y del Espíritu Santo, Dios las rechaza. Porque sin un abrir sincero, sensible y afectuoso del corazón a Dios, su oración será solo de labios para afuera. Si sus oraciones no son elevadas por medio de Cristo, Dios no les va a prestar atención.

De igual manera, si sus oraciones no son presentadas con la ayuda y en el poder del Espíritu Santo, puede suceder que esté actuando como los hijos de Aarón cuando ofrecieron fuego extraño. Recuerde este doloroso incidente:

> "Nadab y Abiú, hijos de Aarón, tomaron cada uno
> su incensario, y pusieron en ellos fuego, sobre el cual
> pusieron incienso, y ofrecieron delante de Jehová fuego
> extraño, que él nunca les mandó. Y salió fuego delante
> de Jehová y los quemó, y murieron delante de Jehová.
> Entonces dijo Moisés a Aarón: Esto es lo que habló
> Jehová, diciendo: En los que a mí se acercan me
> santificaré, y en presencia de todo el pueblo seré
> glorificado. Y Aarón calló"
>
> (Lv. 10:1-3).

Hablaré más sobre esto más adelante. Mientras tanto, recordemos que aquellas cosas que no son pedidas por medio de la enseñanza y ayuda del Santo Espíritu no pueden ser de ninguna manera según la voluntad de Dios.

Pablo escribió a los Romanos:

> "Y de igual manera el Espíritu nos ayuda en nuestra
> debilidad; pues qué hemos de pedir como conviene, no lo
> sabemos, pero el Espíritu mismo intercede por nosotros
> con gemidos indecibles. Mas el que escudriña los
> corazones sabe cuál es la intención del Espíritu, porque
> conforme a la voluntad de Dios intercede por los santos"
>
> (Ro. 8:26, 27).

Ninguna persona o iglesia en el mundo puede acudir a Dios en oración excepto mediante la ayuda del Espíritu Santo. "Porque por medio de él los unos y los otros tenemos entrada por un mismo Espíritu al Padre" (Ef. 2:18). Comentaré brevemente sobre estas Escrituras debido a que contienen tan completa revelación del espíritu de oración y de la incapacidad de la persona para orar sin la ayuda del Espíritu Santo.

"PUES QUÉ HEMOS". Consideremos primero a la persona que está hablando, es el apóstol Pablo y mediante su persona hablan también todos los demás apóstoles. Parece como si estuviera diciendo: "Nosotros los apóstoles, siervos extraordinarios de Dios, maestros edificadores, algunos de los cuales fueron llevados en el

Espíritu al paraíso, no sabríamos cómo pedir", si no contáramos con la ayuda del Santo Espíritu (véase Romanos 15:16; 1 Corintios 3:10; 2 Corintios 12:4).

Por supuesto, nadie va a pensar que Pablo y sus compañeros no eran capaces de hacer cualquier tarea para Dios como cualquier pastor, papa o prelado orgulloso. Podían haber escrito un *Libro de oraciones para el pueblo* tan bien como los que hoy conocemos. No estaban para nada menos capacitados en gracia o dones que cualquier papa o prelado, pero ellos decidieron no escribir un *Libro de oraciones*.[1] Pero vean lo que pasa hoy, los sabios de nuestro tiempo se sienten tan capacitados que conocen al dedillo tanto la manera como la materia de sus oraciones. Pueden establecer una oración para cada día y escribirlas para un día determinado que vendrá dentro de veinte años. Escriben una para Navidad, otra para el domingo de Resurrección, y otras para los seis días siguientes a esas fechas. Han determinado también cuántas sílabas deben decirse en cada una de sus oraciones en sus ejercicios públicos. Ya tienen oraciones escritas para que se digan en el día de cada santo para las generaciones venideras. Algo que los mismos apóstoles no se atrevieron a hacer, no se "sintieron capaces de hacer ¡en una manera tan profunda!"

"PEDIR COMO CONVIENE, NO LO SABEMOS" No conocemos la realidad de las cosas por las que deberíamos orar, tampoco conocemos los propósitos por los cuales tenemos que orar, ni tampoco el medio por el cual orar: no conocemos ninguna de estas cosas aparte de la ayuda y asistencia del Espíritu Santo. ¿Debemos orar por comunión con Dios por medio de Cristo? ¿Debemos orar por fe, por justificación por gracia, y por un corazón verdaderamente santificado? No sabemos nada acerca de estas cosas a menos que el Espíritu nos dirija a orar por ellas. Las Escrituras declaran: "Porque ¿quién de los hombres sabe las cosas del hombre, sino el espíritu del hombre que está en él? Así tampoco nadie conoce las

---

1. *Bunyan estaba en este tiempo escribiendo y luchando a favor del derecho del pueblo a orar sin la condición de tener que hacerlo usando el* Libro de oración común *de la Iglesia Anglicana de ese tiempo, y estaba determinado a enseñar, a los que no conocían otro método de orar, lo que las Escrituras enseñan acerca de cómo podían elevar sus propias oraciones a Dios. En estos años Bunyan se encontraba en la cárcel por predicar y hacer sus propias oraciones en público.*

cosas de Dios, sino el Espíritu de Dios" (1 Co. 2:11). El apóstol habla aquí de las cosas espirituales e internas que el mundo no conoce.

ORACIÓN

Amoroso Padre, te pido en el nombre de Jesús que envíes tu Espíritu Santo sobre mí para ungirme, llenarme, usarme, enseñarme a orar como debo. Padre celestial, nada soy limitado a mis escasos recursos humanos. Fortaléceme para poder obedecerte y llevar a cabo las tareas que me has asignado hoy. Motívame a orar más allá de cualquier oración escrita para expresarte verdaderamente mis más profundos anhelos y necesidades. Te alabo cuando tu Espíritu Santo me revela algún pecado no confesado que está bloqueando mi camino hacia una comunión más profunda contigo, y gracias por mi Salvador Cristo Jesús que está siempre dispuesto a interceder por mí. Ayúdame a ser más amoroso y más compasivo con los que necesitan mi ayuda, mi cuidado y compasión por medio de Jesucristo. Amén.

LA ORACIÓN Y LA PALABRA DE DIOS

La oración es abrir el corazón o el alma a Dios en una forma sincera, sensible y afectuosa, por medio de Cristo, con la ayuda y en el poder del Espíritu Santo, para cosas como las que Dios ha prometido, o que son conforme a la Palabra de Dios, para el bien de la Iglesia, sometiéndonos en fe a la voluntad de Dios.

Jesús mandó:

"Mas tú, cuando ores, entra en tu aposento, y cerrada la puerta, ora a tu Padre que está en secreto; y tu Padre que ve en lo secreto te recompensará en público. Y orando, no uséis vanas repeticiones, como los gentiles, que piensan que por su palabrería serán oídos. No os hagáis, pues, semejantes a ellos; porque vuestro Padre sabe de qué cosas tenéis necesidad, antes que vosotros las pidáis"

(Mt. 6:6-8).

Oramos cuando lo hacemos dentro del ámbito de la Palabra

de Dios; y es una blasfemia, o en el mejor de los casos una vana repetición, cuando la petición es contraria a la Biblia. David, por tanto, mientras oraba, mantuvo sus ojos en la Palabra de Dios. "Abatida hasta el polvo está mi alma", clamó, "vivifícame según tu palabra... Se deshace mi alma de ansiedad; susténtame según tu palabra" (Sal. 119:25, 28). Es cierto, el Espíritu Santo no aviva y anima inmediatamente el corazón del cristiano que ora sin la Palabra, sino que lo hace con y por medio de la Palabra. El Espíritu Santo lleva la Palabra al corazón, y la abre para nosotros de forma que somos estimulados a ir al Señor en oración y contarle cómo nos va, y también a razonar y suplicar conforme a la Palabra.

Esta fue la experiencia de Daniel, aquel gran profeta de Dios. Daniel, comprendiendo por la Palabra que la cautividad de los hijos de Israel estaba a punto de terminar, elevó su oración a Dios conforme a las Escrituras:

"En el año primero de Darío hijo de Asuero, de la nación de los medos, que vino a ser rey sobre el reino de los caldeos, en el año primero de su reinado, yo Daniel miré atentamente en los libros el número de los años de que habló Jehová al profeta Jeremías, que habían de cumplirse las desolaciones de Jerusalén de setenta años. Y volví mi rostro a Dios el Señor, buscándole en oración y ruego, en ayuno, cilicio y ceniza" (Dn. 9:1-3).

De forma que, en la medida que el Espíritu es el consolador y el consejero del alma, cuando usted ora conforme a la voluntad de Dios, será guiado por la Palabra de Dios y orará conforme a su enseñanza y promesas. Esta es la razón por la que nuestro Señor Jesucristo dejó de orar por liberación, aunque su vida peligraba. Dijo que podía orar a su Padre y que Él podía enviarle doce legiones de ángeles; ¿pero cómo entonces se cumplirían las Escrituras (véase Mt. 26: 53, 54)? Si hubiera habido una palabra para eso en las Escrituras, Jesús habría estado muy pronto lejos de las manos de sus enemigos y los ángeles le habrían ayudado inmediatamente, pero las Escrituras no garantizaban este tipo de oración porque Él tenía que morir por nuestros pecados.

La verdadera oración, pues, debe ser conforme a la Palabra de Dios y sus promesas. El Espíritu debe dirigir mediante la Palabra la forma y la sustancia de la oración. "¿Qué, pues?" pregunta Pablo, "Oraré con el espíritu, pero oraré también con el entendimiento; cantaré con el espíritu, pero cantaré también con el entendimiento"

(1 Co. 14:15).[1] No hay comprensión sin la Palabra. Porque si la gente rechaza la Palabra de Dios, "¿qué sabiduría tienen?" (Jer. 8:9).

ORACIÓN

Bendito Padre celestial, así como Pablo deseaba usar palabras acertadas en sus oraciones mediante la dirección del Espíritu Santo, yo también pido que me reveles las promesas y palabras de las Escrituras que puedo aplicar para mis situaciones particulares en la vida. Oro pidiendo que me guíes en la aplicación de tu Palabra en la oración, de forma que pueda hacerlo conforme a tu voluntad y ser entonces capaz de manifestar tu glorioso y amoroso poder a todos los que me rodean. Te lo pido por el amor de Jesús. Amén.

---

1. *Bunyan y otros muchos expositores bíblicos han traducido e interpretado este versículo de esta forma: "Oraré con el Espíritu, pero también oraré con mi mente". Bunyan usa este versículo en este sentido aquí y en otros lugares.*

capítulo

9

LA ORACIÓN
POR LA IGLESIA

La oración es abrir el corazón o el alma a Dios en una forma sincera, sensible y afectuosa, por medio de Cristo, con la ayuda y en el poder del Espíritu Santo, para cosas como las que Dios ha prometido, o que son conforme a la Palabra de Dios, **para el bien de la Iglesia,** *sometiéndonos en fe a la voluntad de Dios.*

Esta cláusula, *para el bien de la Iglesia,* incluye todo lo que tiende a honrar a Dios, o es para el adelanto de Cristo o para el beneficio de su pueblo. Porque Dios, Cristo y su pueblo están tan ligados uno con otro que cuando se ora por el bien de uno, entonces la Iglesia, la gloria de Dios y el adelanto de Cristo deben ser todos incluidos. Porque así como Cristo está en el Padre, así están los santos en Cristo, y cuando usted ora por otros cristianos está tocando la niña de los ojos de Dios; por lo tanto, si usted ora por la paz de Jerusalén, está orando por lo que Dios requiere de usted. Porque Jerusalén nunca estará en completa paz hasta que no esté en el cielo; y no hay nada que Cristo desee más que tenerla allí con Él.

Ese es también el lugar que Dios le ha dado a ella por medio de Cristo. De modo que el que ora por la paz y el bien de Sión, o de la Iglesia, pide en oración por aquello que Cristo ha comprado con su sangre; y también por aquello que el Padre le ha dado a Él como el premio por esto.

El que ora por esto, debe orar por abundancia de gracia para la Iglesia y por ayuda en contra de todas sus tentaciones; que Dios no permita que nada impida su desarrollo; y que todas las cosas sirvan al fin para su bien; que Dios la guarde sin mancha. Las Escrituras nos han enseñado a orar:

> "Y aquel que es poderoso para guardaros sin caída, y presentaros sin mancha delante de su gloria con gran alegría, al único y sabio Dios, nuestros Salvador, sea gloria y majestad, imperio y potencia, ahora y por todos los siglos. Amén"
>
> (Jud. 24. 25).

Deberíamos orar para que Dios proteja y defienda a los hijos de Dios para su gloria, en medio de una nación retorcida y perversa: esta debe ser nuestra oración diaria. Y esta es la sustancia de la propia oración de Jesús en el capítulo diecisiete de Juan. Todas las oraciones de Pablo van en la misma dirección, como lo muestra claramente una de ellas:

> "Y esto pido en oración, que vuestro amor abunde
> aun más y más en ciencia y en todo conocimiento,
> para que aprobéis lo mejor, a fin de que seáis sinceros
> e irreprensibles para el día de Cristo, llenos de frutos
> de justicia que son por medio de Jesucristo, para gloria
> y alabanza de Dios"
>
> (Fil. 1:9-11).

Como podemos ver, la oración de Pablo fue breve y, no obstante, está llena, de principio a fin, de buenos deseos para la iglesia, para que pueda proseguir e ir adelante en la mejor forma espiritual, y sus miembros sean irreprochables, sinceros y sin mancha, hasta el día de Cristo, a pesar de todas las tentaciones y persecuciones que vengan.[1]

---

1. *Véase especialmente las oraciones propias de Pablo y las indicaciones sobre sus oraciones en Efesios 1:16-20; 3:14-19; y Colosenses 1:9-13.*

ORACIÓN

Amoroso Padre celestial, confieso que muchas de mis oraciones son de verdad egoístas, porque me olvido de orar por el bien de tu Iglesia y por el bienestar de tus siervos en todo el mundo. Demasiado a menudo, creo sencillamente que todo lo que se haga en la Iglesia será hecho por ti sin necesidad de mis oraciones. Te doy las gracias por el gran honor que has concedido a todos los cristianos, al hacer que sus oraciones cuenten para el bien de tu Iglesia y para la santificación de los creyentes. Por favor, sigue inspirándonos mediante tu Espíritu y tu Palabra para que podamos conocer tu voluntad para la Iglesia. Que seamos como Daniel y oremos por el regreso de los israelitas a Jerusalén. Que oremos por las cosas que tú tienes en mente para tu Iglesia en la tierra. Te pido por estas cosas en el nombre de tu Hijo, Cristo Jesús. Amén

capítulo
10

ORE EN LA VOLUNTAD DE DIOS

La oración es abrir el corazón o el alma a Dios en una forma sincera, sensible y afectuosa, por medio de Cristo, con la ayuda y en el poder del Espíritu Santo, para cosas como las que Dios ha prometido, o que son conforme a la Palabra de Dios, para el bien de la Iglesia, sometiéndonos en fe a la voluntad de Dios.

La verdadera oración se somete a la voluntad de Dios y dice: "Hágase tu voluntad" (Mt. 6:10). Por lo tanto, se espera que el pueblo del Señor, junto con sus oraciones y todo lo que tiene, se ponga con humildad a los pies de su Dios para que Él disponga de todo ello como mejor considere conforme a su sabiduría celestial. De modo que cuando ponemos todo nuestro ser a su disposición, no dudamos que Él responderá a nuestras oraciones en una forma que será la mejor para nuestro beneficio y para su gloria. En consecuencia, cuando los santos de Dios oran con sumisión a la voluntad de Dios, no discuten o dudan o cuestionan, sino que confían en fe en el amor de Dios y en su bondad para con ellos. Reconocen que

47

ellos no siempre son sabios y que Satanás puede estar aprovechándose de ellos, para orar por aquellas cosas que, si las consiguen, nunca serían para la gloria de Dios ni para el bien ni el beneficio de su pueblo.

Juan escribió en su carta: "Y esta es la confianza que tenemos en él, que si pedimos alguna cosa conforme a su voluntad, él nos oye. Y si sabemos que él nos oye en cualquiera cosa que pidamos, sabemos que tenemos las peticiones que le hayamos hecho" (1 Jn. 5:14, 15). Porque como ya he dicho antes, la petición que no es presentada ante Dios en el Espíritu Santo y por medio de Él no será respondida, porque está fuera de la voluntad de Dios. Porque solo el Espíritu sabe cómo orar conforme a la voluntad de Dios.

> "Antes bien, como está escrito: Cosas que ojo no vio, ni oído oyó, ni han subido en corazón de hombre, son las que Dios ha preparado para los que le aman. Pero Dios nos las reveló a nosotros por el Espíritu; porque el Espíritu todo lo escudriña, aun lo profundo de Dios. Porque ¿quién de los hombres sabe las cosas del hombre, sino el espíritu del hombre que está en él? Así tampoco nadie conoció las cosas de Dios, sino el Espíritu de Dios"
>
> (1 Co. 2:9-11).

Pablo también escribió a los Romanos: "No sabemos qué pedir" (Ro. 8:26, NVI). Fíjese bien en esto: "No sabemos qué pedir". Si no pensamos acerca de esto, o si no entendemos su significado en el espíritu y en la verdad, podemos idear, como Jeroboam hizo, otra forma de adoración, tanto en forma como en sustancia, diferente a la revelada en la Palabra de Dios.

> "Y Jeroboam dijo en su corazón: Ahora se volverá el reino a la casa de David, si este pueblo subiere a ofrecer sacrificios en la casa de Jehová en Jerusalén; porque el corazón de este pueblo se volverá a su señor Roboam rey de Judá, y me matarán a mí y se volverán a Roboam rey de Judá. Y habiendo tenido consejo, hizo el rey dos becerros de oro, y dijo al pueblo: Bastante habéis subido a Jerusalén; he aquí tus dioses, oh Israel, los cuales te hicieron subir de la tierra de Egipto. Y puso uno en Betel, y el otro en Dan. Y esto fue causa de pecado; porque el pueblo iba a adorar delante de uno hasta Dan"
>
> (1 R. 12:26-30).

Pablo dice que debemos orar como debiéramos hacerlo; y esto *nosotros* no lo podemos hacer mediante todas nuestras artes, habilidades e ingeniosidades de hombres o ángeles. "No sabemos qué pedir, pero el Espíritu mismo…"; nada más, *debe ser* "el Espíritu mismo" quien nos ayude en nuestras debilidades, no el Espíritu y nuestros deseos. Lo que el hombre pueda imaginar e ingeniar mediante su propio cerebro es una cosa, y lo que se nos manda y debemos hacer es otra muy diferente. Muchos piden y no reciben, porque piden de forma incorrecta, y de esa manera nunca están ni siquiera cerca de disfrutar de las cosas que solicitan: "Pedís, y no recibís, porque pedís mal, para gastar en vuestros deleites" (Stg. 4:3).

Orar simplemente al azar aparte de un libro de oraciones no va a satisfacer a Dios, ni tampoco va a hacer que Él responda a sus oraciones. Mientras que usted está orando, Dios está examinando su corazón para ver de qué raíz y espíritu brotan sus oraciones. Juan escribió: "Y esta es la confianza que tenemos en él, que si pedimos alguna cosa conforme a su voluntad, él nos oye" (1 Juan 5:14). Y Pablo también escribió: "Mas el que escudriña los corazones sabe cuál es la intención del Espíritu, porque conforme a la voluntad de Dios intercede por los santos" (Ro. 8:27). Dios responde solo aquellas peticiones que son conforme a su voluntad, y nada más. Sólo el Espíritu Santo puede enseñarnos a orar conforme a su voluntad. Él es el único ser capaz de escudriñar todas las cosas, incluso las cosas profundas de Dios. Sin el Espíritu Santo, aunque tuviéramos mil libros de oraciones, no sabríamos cómo deberíamos orar, especialmente debido a que tenemos debilidades que nos incapacitan por completo para hacerlo conforme a su voluntad.

ORACIÓN

Ven Espíritu Santo, mora en mi corazón y alma, mente y espíritu. Revélame las cosas de la mente y de la voluntad de Dios con el fin de que pueda orar conforme a sus planes para mí y para su Iglesia. Guíame mientras leo las Escrituras para que pueda ver las promesas que Dios tiene para mí y para su iglesia, y enséñame a orar y a reclamar estas promesas en su nombre. Perdóname por mi poca fe, la cual falla demasiado a menudo en confiar en que tú estás de verdad obrando para mi beneficio y para mi bien por medio de Cristo Jesús. Amén.

EL ESPÍRITU VENCE NUESTRAS DEBILIDADES

Nosotros somos tan débiles que, sin el Espíritu Santo, no podemos pensar, ni siquiera contando con cualquier otro recurso, un pensamiento correcto acerca de Dios, de Cristo, o de las bendiciones que Él ha reservado para todos los que le aman. Por lo tanto, el salmista dice de los impíos: "El malo, por la altivez de su rostro, no busca a Dios; no hay Dios en ninguno de sus pensamientos" (Sal. 10:4).

Los malvados se pueden imaginar que Dios es un ser tal cual son ellos. Antes del diluvio, Dios miró lo que pasaba en la tierra y "vio… que la maldad de los hombres era mucha en la tierra, y que todo designio de los pensamientos del corazón de ellos era de continuo solamente el mal" (Gn. 6:5). Y dicen las Escrituras que cuando Noé presentó su sacrificio a Dios después del diluvio: "Percibió Jehová olor grato; y dijo Jehová en su corazón: No volveré más a maldecir la tierra por causa del hombre; porque el intento del corazón del hombre es malo desde su juventud" (Gn. 8:21).

A menos que el Santo Espíritu nos ayude en nuestra debilidad, no podemos pensar correctamente del Dios a quien oramos, de Cristo por medio de quien oramos, o de las cosas por las que deberíamos pensar, ni tampoco cómo debemos dirigirnos a Dios. El Espíritu Santo es quien nos revela todas las todas de Dios y nos ayuda a entenderlas. Por esa razón Cristo dijo a sus discípulos, cuando les prometió enviarles el Espíritu Santo, el Consolador: "Él me glorificará; porque tomará de lo mío, y os lo hará saber" (Jn. 16:14). Es como si les hubiera dicho: "Yo sé que por naturaleza estáis en la oscuridad y en la ignorancia en relación con la comprensión de muchas cosas; aunque procuréis ir por este lado o el otro, todavía permanecéis en la ignorancia; el velo está tendido sobre vuestro corazón, y solo el Espíritu Santo puede retirar ese velo y daros entendimiento espiritual".

La oración correcta debe ser hecha tanto en la expresión exterior como en la intención interior: debe proceder de lo que el alma logra entender en la luz del Espíritu Santo. De otra manera la oración será condenada como una abominación y será en vano, porque el corazón y la lengua no están unidas en la misma intención, y tampoco lo harán a menos que el Espíritu nos ayude en nuestras debilidades y flaquezas. Y esto lo sabía muy bien David cuando afirmó: "Señor, abre mis labios, y publicará mi boca tu alabanza" (Sal. 51:15). Supongo que la mayoría podemos imaginar que David podía hablar y expresarse a sí mismo tan bien como otros, tan bien como cualquiera de nuestra generación, como queda claramente manifestado por sus palabras y sus obras. Sin embargo, cuando este buen hombre, este profeta, fue a adorar a Dios, el Señor tuvo que ayudarle. Sabía que no podía hacer las cosas por sí mismo, de modo que oró: "Señor, abre mis labios, y publicará mi boca tu alabanza" (Sal. 51:15). No podía decir correctamente ni una sola palabra a menos que el Espíritu Santo le diera la expresión apropiada. Recuerde que Pablo escribió claramente: "Así mismo, en nuestra debilidad el Espíritu acude a ayudarnos. No sabenemos qué pedir, pero el Espíritu mismo intercede por nosotros con gemidos que no pueden expresarse con palabras" (Ro. 8:26, NVI).

ORACIÓN

Oh Señor Dios, te doy las gracias por las bendiciones de tu Palabra y de tu Espíritu, porque mediante tu Palabra puedo conocer muchas de las cosas profundas de ti, y mediante tu Espíritu puede entender y aplicar estas cosas profundas a mi vida y en mis conversaciones con otros. Reconozco muy bien mis debilidades y mi incapacidad para conocer o hacer alguna cosa buena aparte de ti, y te doy gracias por tu Espíritu Santo quien está siempre presente para ayudar en todo tiempo de flaqueza o dificultad. Por favor, continúa dirigiéndome en los caminos de la rectitud por amor de tu nombre. Amén.

El espíritu y la oración eficaz

Para orar eficazmente debemos hacerlo con el Espíritu Santo, porque sin Él mostramos lo tontos, hipócritas, fríos e impropios que somos en nuestras oraciones. Sin la ayuda del Espíritu Santo, nuestras oraciones son deplorables para Dios. Jesús declaró: "¡Ay de vosotros, escribas y fariseos hipócritas! porque devoráis las casas de las viudas, y como pretexto hacéis largas oraciones; por esto recibiréis mayor condenación" (Mt. 23:14).

Dios no toma en consideración la calidad de nuestra voz, ni el aparente fervor y afecto de nuestra forma de orar, si el Espíritu Santo no nos está ayudando en nuestras oraciones. Sin la dirección del Espíritu Santo, el hombre, como hombre, está tan lleno de debilidad, que no es capaz de expresar una palabra, un pensamiento o una oración limpia y aceptable a Dios por medio de Cristo. Por esta razón fueron rechazados los fariseos, a pesar de todas sus oraciones. Los fariseos se distinguían por sus muchas palabras. Se les conocía por el mucho tiempo que pasaban en oración, pero no tenían el Espíritu Santo que los ayudara; de modo que oraban solo con sus flaquezas y debilidades. Se quedaban muy cortos en que sus oraciones fueran una apertura sincera, sensible y afectuosa de sus almas a Dios, mediante el poder del Espíritu Santo.

Las oraciones que ascienden al cielo son las que son enviadas por el Espíritu Santo: solo esa oración es eficaz.

Solo el Espíritu Santo puede mostrar claramente a una persona su naturaleza pecaminosa, y llevarla así a la disposición de orar. Como acostumbramos a decir, hablar es solo hablar y eso es solo una adoración de labios. Tenemos que ser conscientes de la miseria del pecado. La maldición de la hipocresía está en la mayoría de los corazones y acompaña a muchos miles de personas que oran. Pero ahora el Espíritu mostrará amablemente a la persona su pecado, dónde se encuentra en su crecimiento espiritual y lo que probablemente va a sucederle separado de Cristo. El Espíritu Santo mostrará también la intolerabilidad de nuestra condición aparte de la fe en el Salvador. Nos convencerá eficazmente del pecado y de la miseria en la que vivimos sin el Señor Jesús, y así nos pondrá en una forma dulce, seria, sensible y afectuosa en el camino de orar a Dios conforme a su Palabra. Jesús prometió: •

> "Pero yo os digo la verdad: Os conviene que yo me vaya;
> porque si no me fuese, el Consolador no vendría a vosotros;
> mas si me fuere, os lo enviaré. Y cuando él venga,
> convencerá al mundo de pecado, de justicia y de juicio.
> De pecado, por cuanto no creen en mí; de justicia, por
> cuanto voy al Padre, y no me veréis más; y de juicio, por
> cuanto el príncipe de este mundo ha sido ya juzgado"
> (Jn. 16:7-11).

Incluso aunque las personas vieran sus pecados, sin la ayuda del Espíritu Santo no orarían. Porque se alejarían de Dios y perderían toda esperanza de misericordia. Esto es lo que les sucedió a Adán y Eva, a Caín y Judas. Cuando una persona es de verdad sensible a su pecado y a la maldición de Dios, resulta difícil persuadirla para que ore. Aparte de la influencia del Espíritu Santo, un pecador dirá: "Es en vano; porque en pos de nuestros ídolos iremos, y haremos cada uno el pensamiento de nuestro malvado corazón" (Jer. 18:12). El pecador ha llegado a menudo a la conclusión: "¡Soy una criatura tan vil, desgraciada y maldita, que Dios nunca me tendrá en cuenta!" El Espíritu Santo viene y calma a la persona.

Ayuda a la persona a elevar su rostro a Dios dejando que penetre en su corazón un sentido de la misericordia divina y así la anima a acudir a Dios. Por esta razón al Espíritu se le llama "el Consolador".

ORACIÓN

Amado Padre celestial, perdóname por estar tan ciego a tu obra en mi vida. Confieso que no te he glorificado y que no he reconocido por completo la obra maravillosa de tu Santo Espíritu en mi vida. Perdóname por no reconocerte como el Padre lleno de amor y de gracia que eres, y por fotallar en darte las gracias por llevarme mediante tu Espíritu de las tinieblas a tu luz admirable, incluso cuando estaba predispuesto a vivir mi propia vida sin tenerte a ti en cuenta ni a tus intereses. Que yo pueda honrarte ahora llevando a otros al conocimiento de las buenas noticias de cómo obras en nuestra vida, incluso cuando todavía somos pecadores, a fin de que aprendamos a orar por medio del Espíritu Santo. Amén.

LA FORMA CORRECTA DE ORAR

Nadie sabe cómo acudir a Dios en la forma correcta a menos que aprenda a orar y hacerlo en el Espíritu Santo o con su ayuda. Las personas pueden decir fácilmente que van a Dios por medio de su Hijo, pero es muy difícil para ellas hacerlo en la forma correcta y como a Dios le agrada sin el Espíritu Santo.

El Espíritu Santo debe mostrarnos el camino para ir a Dios e incluso qué hay en él que lo hace tan deseable. Moisés oró: "Ahora, pues, si he hallado gracia en tus ojos, te ruego que me muestres ahora tu camino, para que te conozca, y halle gracia en tus ojos" (Éx. 33:13). Jesús enseñó que el Espíritu Santo: "Él me glorificará; porque tomará de lo mío, y os lo hará saber" (Jn. 16:14).

Aun si usted llegó a ver su miseria y pecado, y sabe que el camino a Dios es por medio de Cristo Jesús, sin el Espíritu Santo nunca reclamaría su parte en Dios, en Cristo o en su misericordia. ¡Oh qué abrumador es para el pobre pecador que llega a ser sensible a su pecado y a la ira de Dios decir en fe esta palabra: "Padre"! Puedo decirles que la gran dificultad está en esto mismo: cuando una persona es consciente de su pecado, tiene *temor* de llamar a Dios "Padre". "¡Oh", dice el pecador, "no me atrevo a llamarle Padre!" Por consiguiente, el Espíritu Santo tiene que cultivar en el corazón de estas personas el deseo de decir "Padre". Es algo muy grandioso y una gran tarea para cualquiera llamar a Dios "Padre" con conocimiento y creyendo: necesita la ayuda del Espíritu Santo.

Cuando digo invocar a Dios como Padre "con conocimiento", quiero decir, "saber lo que es ser un hijo de Dios y haber nacido de nuevo". Y cuando digo llamar a Dios Padre "creyendo", quiero decir, "que el alma crea, y por buenas razones, que la obra de la gracia está operando en él". Esa es la manera correcta de invocar a Dios como "Padre". No muchos llaman a Dios "Padre" con conocimiento y fe cuando repiten de memoria el Padrenuestro.

Esta es la vida de la oración: cuando mediante el Espíritu Santo una persona ha sido hecha sensible a su pecado y sabe cómo acudir al Señor buscando misericordia, invoca a Dios como "Padre" bajo la dirección del Espíritu. Esa palabra dicha en fe es mucho mejor que mil "oraciones", como los hombres las llaman, que están escritas y son leídas en una manera formal, indiferente y tibia. Pablo escribió para animar a los cristianos con esta verdad central: "Y por cuanto sois hijos, Dios envió a vuestros corazones el Espíritu de su Hijo, el cual clama: ¡*Abba*, Padre!" (Gá. 4:6).

¡Oh, cuán cortos se quedan los que consideran suficiente aprender ellos, y enseñar a sus hijos, a repetir mecánicamente el Padrenuestro, el Credo de los apóstoles y otras oraciones así; cuando, como Dios sabe, son insensibles a su condición, a la miseria de su pecado y a lo que es acercarse a Dios por medio de Cristo! ¡Pobres almas! ¡Considere su triste situación! Clame a Dios para que le muestre su confusión, su ceguera e ignorancia, antes de empezar a invocar a Dios como Padre o enseñarles a sus hijos a hacerlo. Recuerde que decir que Dios es su Padre cuando ora o conversa, sin ninguna experiencia de su obra de gracia en su alma, es como decir que es cristiano cuando no lo es. ¡Eso es mentir! Usted dice: "Padre nuestro", y Él dice: "¡Blasfemas!" Usted dice que es un verdadero cristiano, pero Dios dice: "¡Mientes!"

Nuestro Señor resucitado le dijo a la iglesia en Esmirna: "El primero y el postrero, el que estuvo muerto y vivió, dice esto: Yo conozco tus obras, y tu tribulación, y tu pobreza (pero tú eres rico), y la blasfemia de los que dicen ser judíos, y no lo son, sino sinagoga de Satanás" (Ap. 2:8, 9). Y le dijo también a la iglesia en Filadelfia: "He aquí, yo entrego de la sinagoga de Satanás a los que se dicen ser judíos y no lo son, sino que mienten; he aquí, yo haré que vengan y se postren a tus pies, y reconozcan que yo te he amado" (Ap. 3:9).

Y tanto más grande es el pecado cuando el pecador se jacta de su pretendida santidad, como hicieron los judíos ante Cristo según leemos en el capítulo ocho del Evangelio de Juan, lo que llevó a Cristo a hablarles en términos bien claros acerca de su condenación por todas sus hipócritas pretensiones:

> "Respondieron y le dijeron: Nuestro padre es Abraham. Jesús les dijo: Si fueseis hijos de Abraham, las obras de Abraham haríais. Pero ahora procuráis matarme a mí, hombre que os he hablado la verdad, la cual he oído de Dios; no hizo esto Abraham. Vosotros hacéis las obras de vuestro padre. Entonces le dijeron: Nosotros no somos nacidos de fornicación; un padre tenemos, que es Dios. Jesús entonces les dijo: Si vuestro Padre fuese Dios, ciertamente me amaríais; porque yo de Dios he salido, y he venido; pues no he venido de mí mismo, sino que él me envió. ¿Por qué no entendéis mi lenguaje? Porque no podéis escuchar mi palabra. Vosotros sois de vuestro padre el diablo, y los deseos de vuestro padre queréis hacer. Él ha sido homicida desde el principio, y no ha permanecido en la verdad, porque no hay verdad en él. Cuando habla mentira, de suyo habla; porque es mentiroso, y padre de mentira. Y a mí, porque digo la verdad, no me creéis. ¿Quién de vosotros me redarguye de pecado? Pues si digo la verdad, ¿por qué vosotros no me creéis? El que es de Dios, las palabras de Dios oye; por esto no las oís vosotros, porque no sois de Dios"

(Jn. 8:39-47).

ORACIÓN

¡Oh Padre! Perdóname por todas las veces que he dado por supuesta la bendita oportunidad de llamarte "Abba" Padre. Desde que fui adoptado por ti por medio de la fe en tu Hijo Jesucristo como mi Señor y Salvador, me has dado el privilegio de acudir a ti con la confianza de un hijo. Confieso que a veces lo he hecho de una forma infantil sin contar mis bendiciones y sin tener en cuenta el gran precio que tú pagaste para que yo pudiera llamarte "Padre". Por favor, continúa derramando sobre mí las obras de tu gracia por amor de Jesús. Amén.

ORE COMO JESÚS ENSEÑÓ

¿Le gusta repetir la oración que enseñó el Señor: "Padre nuestro que estás en los cielos…" (Mt. 6:9)? ¿Conoce usted el significado de estas primeras palabras de la oración de Jesús? ¿Puede usted de verdad clamar junto con otros cristianos: "Padre nuestro"? ¿Ha nacido de verdad de nuevo? ¿Ha recibido el Espíritu de adopción? ¿Se ve a sí mismo en Cristo, y puede acudir a Dios como una parte de Él? ¿O es usted un ignorante de estas cosas y todavía se atreve a decir: "Padre nuestro"? ¿Es el diablo de verdad su padre? ¿Es usted un perseguidor enfurecido de los hijos de Dios? ¿Los ha maldecido en su corazón muchas veces?

Debido a que se manda a los cristianos orar diciendo "Padre nuestro", la chusma pecadora, ciega e ignorante del mundo siente que debe usar también las mismas palabras: "Padre nuestro". ¿Y ora usted diciendo "Santificado sea tu nombre" con todo su corazón? ¿Procura usted el avance, con toda sinceridad e integridad, del nombre, santidad y majestad de Dios? ¿Concuerdan su corazón y conversaciones con estas palabras? ¿Se esfuerza por imitar a Cristo en todas las obras de justicia que Dios espera de usted y le anima a hacer? Es así si usted es uno de los que pueden clamar de verdad con el permiso de Dios: "Padre nuestro".

¿O es la imitación de Cristo uno de sus menores pensamientos a lo largo del día, de modo que es usted un maldito hipócrita? ¿Quiere usted de verdad que su reino venga y que su voluntad sea hecha en la tierra como es en el cielo? ¿O el sonido de su trompeta le hará huir desesperado, espantado de ver como resucitan los muertos y temeroso de tener que dar cuentas de todo lo que haya hecho estando en el cuerpo? ¿Le resulta totalmente desagradable pensar tan solo en esto? Si la voluntad de Dios se hiciera en la tierra ¿significaría eso su ruina? En el cielo nunca hay uno que es rebelde contra Dios. Si usted es un rebelde en la tierra, va camino del infierno.

Piense acerca de las demás peticiones en el Padrenuestro. ¡Cuán tristes se le vería a estas personas y con cuanto terror andarían de un lado a otro por la tierra, si ellos supieran cuanta mentira y blasfemia procede de su boca incluso en sus más pretendidos momentos de santidad! Quiera el Señor despertarle y enseñarle, en toda humildad, para que usted tenga cuidado y no se sea imprudente y precipitado en su corazón, y mucho menos con su boca.

Cuando comparezca delante de Dios, como dice el sabio: "No te des prisa con tu boca, ni tu corazón se apresure a proferir palabras delante de Dios; porque Dios está en el cielo, y tú sobre la tierra; por tanto, sean pocas tus palabras" (Ec. 5:2). Especialmente cuando llama a Dios "Padre" sin contar con la bendita experiencia y la seguridad de haber nacido de nuevo cuando se presenta delante de Él.

ORACIÓN

¡Padre amado! Yo sé que he repetido, quizá miles de veces, la oración que tu Hijo enseñó sin pensar de verdad en lo que estaba haciendo. Soy consciente de que soy un cristiano, un creyente nacido de nuevo, que tiene todo el derecho a llamarte "Padre", pero me doy cuenta y confieso que he tomado ese privilegio bastante a la ligera. Confieso que ha habido muchas veces que si tu voluntad se hubiera cumplido y si tu reino hubiera venido, tal como yo oraba, muchos de mis planes y formas de vivir se habrían visto radicalmente alterados. Ayúdame en el futuro, al tiempo que tu Espíritu me dirige y me estimula, a decir de verdad con todo mi corazón la oración del Señor. Dirígeme a orar con fervor y esperanza para que esa oración sea respondida en mi vida ahora como también cuando vengas de nuevo. Te lo pido todo en el nombre de tu Hijo Jesucristo. Amén

ELEVE SU CORAZÓN A DIOS

La verdadera oración, la que es aceptada por Dios, debe ser hecha con el Espíritu Santo, porque solo Él puede levantar el alma o el corazón a Dios en oración. "Del hombre son las disposiciones del corazón; mas de Jehová es la respuesta de la lengua. Todos los caminos del hombre son limpios en su propia opinión; pero Jehová pesa los espíritus. Encomienda a Jehová tus obras, y tus pensamientos serán afirmados (Pr. 16:1-3). Es decir, en toda obra para Dios, y especialmente en la oración, si el corazón y la lengua van a concordar debe estar preparado por el Espíritu de Dios. En verdad, la lengua es por sí misma muy capaz de funcionar sin ninguna clase de temor o sabiduría; pero cuando la lengua expresa la respuesta del corazón, y dicho corazón está preparado por el Espíritu Santo, entonces habla según los mandamientos y deseos de Dios.

Recuerde las poderosas palabras de David cuando dijo que elevaba su corazón y alma a Dios: "A ti, oh Jehová, levantaré mi alma. Dios mío, en ti confío" (Sal. 25:1). Es demasiado para cualquiera levantar su corazón y alma a Dios sin el poder del Espíritu;

pienso, por consiguiente, que esa es una de las grandes razones por la que se llama al Espíritu de Dios espíritu de súplica: "Sobre la casa real de David y los habitantes de Jerusalén derramaré un espíritu de gracia y de súplica" (Zac. 10:10, NVI). El Espíritu Santo ayuda al corazón cuando presenta sus súplicas; por lo tanto, escribió Pablo: "Orando en todo tiempo con toda oración y súplica en el Espíritu" (Ef. 6:18). A eso se refiere también el texto que hemos estado considerando: "Oraré con el Espíritu". Si no está el corazón en ello, la oración es como un sonido sin vida; y un corazón nunca orará a Dios a menos que sea levantado por el Espíritu Santo.

ORACIÓN

Te doy gracias, Padre, por el don de tu Santo Espíritu, por el don de las Sagradas Escrituras y por el don de gracia para tus siervos, tales como Juan Bunyan, a fin de que tu voluntad sea conocida por mí y también por otros muchos. Te alabo por hacer resplandecer tu luz reveladora sobre Bunyan cuando él se encontraba en la oscuridad de su celda en la cárcel. Te doy gracias por mostrarle los muchos pasajes de las Escrituras que él ha usado en sus estudios de la oración y la vida cristiana. Y te alabo y te doy gracias también porque aunque Bunyan ha pasado de este mundo al siguiente, ¡él todavía habla! Te pido que me inspires a fin de que yo pueda hacer por los demás lo que tú has hecho por mí a través de otros. En el nombre de Jesús. Amén.

CÓMO DESCANSAR EN DIOS

Si quiere orar correctamente, su corazón debe ser *levantado* por el Espíritu Santo. Y cuando está levantado, si quiere seguir orando correctamente, su corazón debe ser *sostenido* por el Espíritu Santo. No sé qué sucede o cómo sucede con otros, si sus corazones son levantados o no por el Espíritu de Dios y luego continúa sosteniéndolos, pero sí estoy seguro de algunas cosas.

Primera, los libros de oraciones escritos por los hombres no pueden levantar ni preparar el corazón para orar con Dios, pues esa es la obra propia de nuestro gran Dios.

Segunda, los libros de oraciones tampoco pueden mantener los corazones levantados cuando estos ya están levantados. En esto consiste verdaderamente la vida de oración: mantener el corazón con Dios en el deber de la oración. Si fue tan importante para Moisés mantener sus manos alzadas en oración a Dios, tanto más lo es para nosotros mantener nuestro corazón levantado a Dios (véase Éx. 17:12).

Dios se entristece por la falta de conservar el corazón en reposo con Él en oración. La gente se acerca a Él con la boca y le honra con los labios, pero su corazón está lejos de Él: "Dice, pues, el

Señor: Porque este pueblo se acerca a mí con su boca, y con sus labios me honra, pero su corazón está lejos de mí, y su temor ("adoración", NVI) de mí no es más que un mandamiento de hombres que les ha sido enseñado" (Is. 29:13). Según Mateo 15:7-9, Jesús llamó "hipócritas" a los que oran de esta manera.

¿Me permite hablarle de mis propias experiencias y contarle cuán difícil es orar a Dios como debo hacerlo? Algunos hombres pobres, ciegos y carnales tienen ideas extrañas acerca de mí. Pero en cuanto a mí, cuando me dispongo a orar, me encuentro poco inclinado a ir a Dios; y cuando estoy con Él, me cuesta mantenerme en esa comunión, de modo que me tengo que esforzar en mis oraciones. Primero, tengo que rogar a Dios que tome mi corazón y lo mantenga cerca de Él en Cristo; y segundo, cuando está allí, que lo conserve allí. Muchas veces no sé por qué cosas orar, así soy de ciego. Otras veces no sé cómo orar, soy así de ignorante. Solo bendecidos por la gracia, el Espíritu Santo nos ayuda en nuestras debilidades. "Enséñame, oh Jehová, tu camino; caminaré yo en tu verdad; afirma mi corazón para que tema tu nombre. Te alabaré, oh Jehová Dios mío, con todo mi corazón, y glorificaré tu nombre para siempre" (Sal. 86:11, 12).

Nuestro corazón enfrenta muchas dificultades en el tiempo de oración. Nadie sabe por cuántos desvíos puede irse nuestro corazón para alejarse de la presencia de Dios. Con cuánto orgullo podemos estar expresándonos ante Dios. Con cuánta hipocresía podemos estar orando delante de otros. Y cuán poco conscientes somos del valor de la oración en secreto entre Dios y el alma, a menos que el Espíritu de súplica esté presente para ayudarnos. Cuando el Espíritu Santo mora en el corazón, entonces hay verdadera oración, y solamente entonces.

ORACIÓN

Oh Señor Dios, estoy aprendiendo rápidamente que nada puedo hacer aparte de tu Espíritu Santo. Tu Espíritu me levanta en oración y prepara mi corazón para orar. Tu Espíritu ayuda a mi corazón y mente a descansar en ti en oración. Tu Espíritu me estimula a orar por las cosas que ama tu corazón y me lleva más allá de mis deseos egoístas. Haz que yo sea inspirado continuamente por tu Espíritu a decir, a hacer y a orar en forma consecuente, con el fin de que mi vida sea un testimonio para otros sobre el bendito poder de la oración y de tu obra por medio del Espíritu Santo. Amén.

ORE CON GEMIDOS Y SUSPIROS

Si usted quiere orar correctamente, debe hacerlo en el Espíritu Santo y con su ayuda y fortaleza, porque usted no puede expresarse debidamente en oración sin Él. Cuando digo que es imposible para una persona expresarse a sí misma en oración sin el Espíritu Santo, quiero decir que no es posible para el corazón abrirse ante Dios en oración en una forma sincera, sensible y afectuosa, con los gemidos y suspiros que proceden de un corazón que ora verdaderamente.

Su boca y las muchas palabras no es lo principal que hay que tener en cuenta en la oración, sino ver si su corazón está tan lleno de afecto y fervor en oración por Dios que le es imposible expresar su sentido y deseo en palabras. Cuando sus deseos son tan fuertes y poderosos que no pueden ser expresadas todas las lágrimas, gemidos y palabras que surgen de su corazón, entonces "el Espíritu nos ayuda en nuestra debilidad; pues qué hemos de pedir como conviene, no lo sabemos, pero el Espíritu mismo intercede por nosotros con gemidos indecibles" (Ro. 8:26).

Una oración pobre es eso, solo palabras (mucho ruido y pocas nueces). Una persona que *verdaderamente* ora una oración, después nunca será capaz de expresar con su boca o con su pluma los indescriptibles deseos, sentidos, afectos y anhelos que elevó a Dios en aquella oración.

Las mejores oraciones tienen a menudo más gemidos que palabras; y las que solo tienen palabras son una representación pobre y superficial del corazón, vida y espíritu de oración. En la Biblia no encontramos oraciones de palabras en la boca de Moisés cuando salía de Egipto y el faraón le perseguía. No obstante, su voz se escuchó en los cielos: "Entonces Jehová dijo a Moisés: ¿Por qué clamas a mí? Di a los hijos de Israel que marchen" (Éx. 14:15). Moisés expresó los gemidos y clamores indescriptibles e inescrutables de su alma en y con el Espíritu Santo. Dios es el Dios de los espíritus, y Él escudriña todas las cosas más profundamente de lo que pensamos: "Y ellos se postraron sobre sus rostros, y dijeron: Dios, Dios de los espíritus de toda carne, ¿no es un solo hombre el que pecó? ¿Por qué airarte contra toda la congregación? (Nm. 16:22). Dudo que piensen en esto aquellos que son tenidos como personas de oración.

Cuando más se acerca una persona al cumplimiento de cualquier obra que Dios le haya encomendado conforme a su voluntad, tanto más difícil y exigente resulta; porque el hombre solo como hombre no es capaz de hacerlo: necesita la ayuda del Espíritu Santo. Ahora bien, la oración no es solo un deber, sino que es el más eminente de los deberes; por esa razón resulta tan difícil. Por lo tanto, Pablo sabía lo que decía cuando afirmaba: "Oraré con el espíritu" (1 Co. 14:15). Sabía muy bien que no era lo que otros dijeran o escribieran lo que haría que él fuera un hombre de oración; solo el Espíritu Santo podía hacerlo.

ORACIÓN

Señor, ciertamente gimo y suspiro cuando pienso en las inmensas tareas y responsabilidades que has puesto sobre mis hombros. Gimo y suspiro porque conozco muy bien mis fallos e insuficiencias. Gimo y suspiro, pero me aliento con la esperanza de que por medio de mis gemidos y confesiones soy perdonado y fortalecido y puedo orar mediante la gracia y poder de tu Espíritu. Gimo y suspiro, pero sé muy bien que tu carga es ligera y tu yugo es fácil comparado con tratar de vivir y trabajar sin ti. Te alabo porque he experimentado la diferencia entre la esclavitud en temor y el servicio en amistad contigo. Que nunca me olvido de mi necesidad de tu Espíritu en ningún momento de mi vida, y que cuando estoy gimiendo y suspirando que pueda alentarme con el conocimiento de que tú estás allí orando conmigo y a través de mí por medio de Cristo Jesús mi Salvador. Amén.

capítulo
18

ORE SIN DESMAYAR

La verdadera oración debe ser hecha con el Espíritu Santo o de lo contrario fallará en el acto de la oración misma; desmayará en el intento de proseguir con la tarea. La oración es una ordenanza de Dios que debe continuar con la persona mientras tanto que esté en este lado de la vida. Pero como dije antes, no es posible para una persona disponer su corazón para con Dios en oración, ni mantenerlo en esa comunión, sin la ayuda del Espíritu Santo. En consecuencia, con el fin de continuar en oración con Dios de vez en cuando, usted debe estar con el Espíritu.

Cristo les dijo a sus discípulos que debían orar siempre y no desmayar: "También les refirió Jesús una parábola sobre la necesidad de orar siempre, y no desmayar" (Lc. 18:1). De nuevo, las Escrituras nos dicen que en esto tenemos una definición de un hipócrita: o continuará en oración, o por el contrario, su oración no será en el poder, esto es, en el espíritu de oración, sino solo un fingimiento. "¿Se deleitará en el Omnipotente? ¿Invocará a Dios en todo tiempo?" (Job 27:10). Por esta falta, entre otras, Jesús declaró que los hipócritas sufrirían muchas aflicciones (véase Mt. 23).

Es fácil para muchos caer del poder de la oración a una

mera formalidad, y resulta de lo más difícil proseguir en nuestros deberes, especialmente en la oración. La oración es un deber y una actividad tal que una persona no puede empezarlo sin la ayuda del Espíritu Santo, y mucho menos continuarlo sin Él. El Santo Espíritu nos inspira a hacerlo en un estado mental positivo de oración; y al hacerlo, nos ayuda a que nuestras oraciones asciendan a los oídos del Señor Dios.

Jacob no solo empezó su oración, sino que se mantuvo en ella: "No te dejaré, si no me bendices" (G. 32:26). Esa es la actitud de los piadosos.

> "Venció al ángel, y prevaleció; lloró, y le rogó; en Bet-el le halló, y allí habló con nosotros. Mas Jehová es Dios de los ejércitos; Jehová es su nombre. Tú, pues, vuélvete a tu Dios; guarda misericordia y juicio, y en tu Dios confía siempre"
>
> (Os. 12:4-6).

Pero esto no podía suceder sin el Espíritu en oración. Tenemos acceso al Padre por medio del Espíritu. "Porque por medio de él los unos y los otros tenemos entrada por un mismo Espíritu al Padre" (Ef. 2:18).

Encontramos la misma enseñanza en un notable pasaje en Judas, cuando mediante el juicio de Dios sobre los impíos, él anima a los santos a orar, a mantenerse firmes y aferrarse a la fe del evangelio. La oración era un medio excelente para aferrarse a la fe, sin el cual ellos nunca serían capaces de lograrlo. Judas escribió: "Pero vosotros, amados, edificándoos sobre vuestra santísima fe, orando en el Espíritu Santo" (Jud. 20). Es como si hubiera dicho: "Hermanos, así como la vida eterna es solo para los creyentes que permanecen firmes, ustedes no podrán sostenerse firmes en la fe a menos que continúen orando en el Espíritu Santo". El diablo y el anticristo engañan y defraudan al mundo manteniendo a las personas en la mera formalidad de los deberes aparte del Espíritu; los mantendrán en la formalidad de la predicación, de escuchar, de orar, etc. Estos son los que tienen una apariencia de piedad, pero niegan su poder y se apartan (véase 2 Ti. 3:5).

ORACIÓN

Oh Padre santo, envía tu Espíritu Santo y lléname de nuevo con el poder de la oración y del servicio. Fortaléceme para seguir adelante cuando el agotamiento o incluso los afanes del mundo me aparten del tiempo de comunión contigo. Que esté siempre seguro de que la salvación está solo en ti, y que solo puedo llevar el evangelio a otros en palabras y obras cuando tú me fortaleces de forma que la obra es solo tuya y no mía. Que yo esté bien seguro de estas cosas en mi mente, y que permanezca verdaderamente en fe contigo con todo mi corazón y alma, por medio de Cristo Jesús nuestro Señor. Amén.

capítulo

19

ORE CON EL ESPÍRITU Y LA MENTE

¿Qué es orar con el espíritu y hacerlo también con el entendimiento? El apóstol Pablo estableció una clara distinción entre orar con el espíritu, y orar con el espíritu y también con el entendimiento. Por lo tanto, escribió: "Oraré con el espíritu", y luego agregó: "pero oraré TAMBIÉN con el entendimiento". Pablo hizo esta distinción porque los corintios no estaban cumpliendo con lo que era su deber de orar por su propia edificación y la de otros; sino que estaban orando para su propia satisfacción. Para muchos de ellos tener dones extraordinarios, como era hablar en lenguas, etc., era más importante que procurar la edificación de sus hermanos. Esto llevó al apóstol Pablo a escribirles y hacerles entender que, aunque estos dones extraordinarios eran excelentes, esforzarse por la edificación de la iglesia era aún más excelente. El apóstol les dijo:

"Porque si yo oro en lengua desconocida, mi espíritu ora, pero mi entendimiento queda sin fruto. ¿Qué, pues? Oraré con el espíritu, pero oraré también con el entendimiento; cantaré con el espíritu, pero cantaré también con el entendimiento… pero en la iglesia prefiero hablar cinco palabras con mi entendimiento, para enseñar también a otros, que diez mil palabras en lengua desconocida"

(1 Co. 14:14, 15, 19).

Es entonces conveniente que se use el entendimiento en la oración, así como también el corazón y la boca. Lo que se hace con entendimiento se hace con más eficacia, sensibilidad y deseo que lo que se hace sin él. Esta verdad lleva al apóstol a orar por los colosenses pidiendo que fueran "llenos del conocimiento de su voluntad en toda sabiduría e inteligencia espiritual (Col. 1:9). Y oró por los efesios pidiendo que Dios les diera "espíritu de sabiduría y revelación en el conocimiento de él" (Ef. 1:17). Oró por los filipenses pidiendo que Dios les llevara a abundar "aun más y más en ciencia y en todo conocimiento, para que aprobéis lo mejor, a fin de que seáis sinceros e irreprensibles para el día de Cristo, llenos de frutos de justicia que son por medio de Jesucristo, para gloria y alabanza de Dios" (Fil. 1:9-11).

Un entendimiento apropiado es bueno en todo lo que una persona emprende, bien sea civil o espiritual; por lo tanto, debe ser deseado por todos los que quieren ser personas de oración. Le mostraré en las páginas que siguen lo que es orar con entendimiento y lo haré experimentalmente. Porque para la formación de las oraciones correctas, se requiere que haya un entendimiento bueno o espiritual en todos los que oran a Dios.

Orar con entendimiento es hacerlo mientras es instruido por el Espíritu Santo en la comprensión que tiene que ver con las cosas por las que está orando. Aunque usted se halla en gran necesidad del perdón de pecados y de liberación de la ira venidera, pero si no entiende esto, bien puede suceder que usted no desee estas cosas o que se manifieste tan frío o tibio en desearlas que Dios permitirá que sea reacio a pedirlas. Esto es lo que le sucedió a la iglesia de Laodicea. Les faltaba conocimiento o comprensión espiritual; no sabían que eran pobres, miserables, ciegos y desnudos. Su falta de entendimiento espiritual les hacía a ellos y a toda su actividad religiosa tan tibios para Cristo que Él amenazó con vomitarlos de su boca (véase Ap. 3:16, 17).

Los hombres sin entendimiento pueden decir las mismas palabras en oración que otros usan, pero si ellos no comprenden el sentido de las palabras hay una gran diferencia entre ambos aunque digan las mismas palabras. Aquel que habla con entendimiento espiritual de las cosas que desea y expresa mediante palabras conocerá mucho más, en cuanto a recibir o no recibir sus deseos, que los otros que oran solo con palabras, pero sin conocimiento.

El entendimiento espiritual debería ver en el corazón de Dios una disposición y voluntad para dar al alma las cosas que verdaderamente necesita. Mediante su entendimiento espiritual, David pudo darse cuenta de los pensamientos de Dios hacia él. Y lo mismo sucedió con la mujer cananea. A pesar de la aparente brusquedad de las palabras de Cristo, ella discernió mediante la fe y un correcto entendimiento una ternura y disposición de su corazón a salvar, lo que la llevó a suplicar con vehemencia e insistencia hasta que recibió la misericordia que necesitaba (véase Mt. 15:22-28).

El entendimiento espiritual, esa comprensión de la disposición del corazón de Dios a salvar a los pecadores, llevará al alma a buscar a Dios y clamar por su perdón. Si un hombre ve una perla preciosa tirada en una zanja y no entiende el valor de la misma, lo más probable es que pase de lejos sin prestarle atención. Pero si llega a adquirir conocimiento de su valor, se meterá en la zanja hasta el cuello para hacerse con ella. Así pasa con las almas en lo concerniente a las cosas de Dios. Cuando la persona llega a darse cuenta de su gran valor, entonces su corazón corre tras ellas con todas sus fuerzas y no para hasta que las consigue. Los dos ciegos de los que habla el evangelio, debido a que estaban seguros de que Jesús, quien en ese momento pasaba cerca de ellos, era capaz y estaba dispuesto a curarlos del mal que los afligía, clamaron en voz alta; y cuanto más les mandaban que se callaran más clamaban ellos, hasta que Él los oyó y respondió a su necesidad (véase Mt. 20:29-31).

ORACIÓN

Padre amado, carezco a menudo de discernimiento espiritual y ni siquiera me doy cuenta de ello. No entiendo las necesidades de mi alma. Muchas veces me equivoco en oración, pues pido cosas que no necesito o cosas que me van a perjudicar a mí o a otros. Ayúdame a orar con un corazón entendido que no dice simplemente palabras. Ayúdame a percibir tus respuestas a la oración cuando me las das o cuando me niegas mis peticiones por buenas razones. Inspírame a alabarte por todas las cosas y a darte gracias por tus respuestas afirmativas o negativas a mis peticiones. Ilumina mi mente mediante la bendita influencia de tu Espíritu para ver las señales de los tiempos y luego orar exactamente por las cosas que tú deseas para mí y para otros en respuestas a oraciones fervientes y diligentes. Te pido estas cosas en el nombre de Cristo Jesús, quien vino a traer la verdad al mundo y a ser el camino hacia ti. Amén.

capítulo
20

RAZONE CON DIOS

El entendimiento iluminado verá suficiente grandeza en las promesas de Dios de las Escrituras como para animar a la persona a orar. El entendimiento se suma a las promesas de Dios con el fin de que la persona pueda orar con más ánimo cada día. Es muy alentador conocer qué promesa ha hecho Dios a su pueblo, a fin de que su pueblo pueda acudir a Él y pedirlas.

Cuando su entendimiento está iluminado, usted puede acudir a Dios con argumentos o razones apropiados con respecto a por qué Él debería responder a sus solicitudes. Jacob razonó con Dios sobre la base de la promesa que le hizo:

> "Y dijo Jacob: Dios de mi padre Abraham, y Dios de mi
> padre Isaac, Jehová, que me dijiste: Vuélvete a tu tierra y
> a tu parentela, y yo te haré bien; menor soy que todas
> las misericordias y que toda la verdad que has usado
> para con tu siervo; pues con mi cayado pasé este Jordán,
> y ahora estoy sobre dos campamentos. Líbrame ahora
> de la mano de mi hermano, de la mano de Esaú, porque
> le temo; no venga acaso y me hiera la madre con los
> hijos. Y tú has dicho: Yo te haré bien, y tu descendencia

será como la arena del mar, que no se puede contar por
la multitud"

(Gn. 32:9-12).

A veces en una oración de súplica, no una simple oración verbal, sino del corazón, el Espíritu Santo le llevará por medio del entendimiento a unos argumentos tan eficaces que usted conmoverá el corazón de Dios.

Cuando Efraín obtuvo un correcto entendimiento de su conducta tan inapropiada hacia el Señor, empezó a lamentarse. Al hacerlo empleó un razonamiento tan convincente con el Señor que afectó su corazón, consiguió su perdón e hizo que Efraín fuera agradable a los ojos de Dios por medio de nuestro Señor Jesucristo. Dios declaró por medio del profeta Jeremías:

> "Escuchando, he oído a Efraín que se lamentaba: Me azotaste, y fui castigado como novillo indómito; conviérteme, y seré convertido, porque tú eres Jehová mi Dios. Porque después que me aparté tuve arrepentimiento, y después que reconocí mi falta, herí mi muslo; me avergoncé y me confundí, porque llevé la afrenta de mi juventud. ¿No es Efraín hijo precioso para mí? ¿no es niño en quien me deleito? pues desde que hablé de él, me he acordado de él constantemente. Por eso mis entrañas se conmovieron por él; ciertamente tendré de él misericordia, dice Jehová"

(Jer. 31:18-20).

Como puede ver, así como se requiere orar con el Espíritu, también se requiere orar con entendimiento.

Para ilustrar lo que acabo de decir, supongamos que dos mendigos llaman a su puerta. Uno de ellos es verdaderamente una pobre criatura, lisiada, herida y hambrienta; y el otro es una persona sana y fuerte. Los dos emplean las mismas palabras en su petición de ayuda: uno dice que está casi muerto de hambre y también lo dice el otro. Pero el que de verdad es pobre, lisiado, herido y está hambriento habla con más pasión, sentimiento y más entendimiento de lo que está diciendo que el otro. Usted descubre quién es el más necesitado por su forma de hablar más intensa y por sus lamentos. Su dolor y pobreza le hacen hablar con un espíritu de lamentación superior al del otro, y será compadecido mucho antes que el otro por aquellos que tienen el mínimo de afecto natural y compasión.

Así es con Dios: están los que oran como fruto de su costumbre y formalidad; hay otros que lo hacen con la amargura de su espíritu. Uno ora movido por su poco afecto y conocimiento; el otro lo hace con palabras que brotan de la angustia de su alma. Sin duda, el último será al que Dios mire, escuche y responda. Aquel que es pobre de espíritu, el que acude al Señor con un espíritu humilde y contrito, el que escucha y entiende su Palabra y tiembla: "Miraré a aquel que es pobre y humilde de espíritu, y que tiembla a mi palabra" (Is. 66:2).

ORACIÓN

Amado Padre celestial, ayúdame a entenderme a mí mismo cuando voy a ti en oración. Ayúdame a entender tu Palabra y las promesas que has hecho a todos los cristianos. Examíname, oh Dios, y muéstrame mi corazón y mis anhelos más profundos, revélame la naturaleza exacta de mis errores. Que tu Santo Espíritu me fortalezca para que me abra de verdad a ti con toda sinceridad para que confiese mis pecados y reciba tu perdón por medio de la fe en Cristo Jesús y su obra redentora. Tú has prometido, oh Señor, que si confieso mis pecados, tu serás fiel y justo y me perdonarás de todos ellos. Te suplico que se cumpla esa promesa en mi vida y oro que tu Espíritu Santo aplique la seguridad de tu perdón a mi corazón y entendimiento. Por amor de Jesús. Amén.

capítulo
21

LA FORMA DE LA ORACIÓN

Un entendimiento bien iluminado tiene una aplicación admirable en lo relacionado con la forma y el asunto de la oración. Aquel que tiene su entendimiento bien ejercitado para discernir entre el bien y el mal, y un buen sentido bien sea de la miseria humana o de la misericordia de Dios, no necesita los escritos de otro hombre para enseñarle a orar según las formas. Así como la persona que siente dolor no necesita que le enseñen a gritar "¡Ay!", tampoco la persona que tiene su entendimiento abierto por el Espíritu Santo no necesita que lo enseñen a orar con las oraciones de otro, al punto que no sabe orar sin ellas. Los sentimientos, pensamientos y presiones que pesan sobre su espíritu le llevan a gemir y dirigir su clamor al Señor.

Cuando David sintió que las angustias de la muerte lo rodeaban y los dolores del infierno lo atormentaban, no necesitó la ayuda de ningún obispo revestido de vestiduras sagradas que lo enseñara a decir: "¡Dios mío, sálvame!" Él dijo:

"Me rodearon ligaduras de muerte,
me encontraron las angustias del Seol;
angustia y dolor había yo hallado.
Entonces invoqué el nombre de Jehová, diciendo:
Oh Jehová, libra ahora mi alma.
Clemente es Jehová, y justo;
sí, misericordioso es nuestro Dios.
Jehová guarda a los sencillos;
estaba yo postrado, y me salvó"

(Sal. 116:3-6).

David no echó mano de ningún libro que le enseñara una cierta forma de orar para abrir su corazón ante Dios. Es natural y propio del corazón de la persona enferma que desahogue su dolor y angustia en aquellos que le rodean mediante sus gemidos y quejas. Lo mismo le sucedió a David en el Salmo 38: "No me desampares, oh Jehová; Dios mío, no te alejes de mí. Apresúrate a ayudarme, oh Señor, mi salvación" (38:21, 22). Así sucede también, bendito sea el Señor, con todos los que están revestidos con la gracia de Dios.

Necesita usted contar con un entendimiento iluminado, a fin de que pueda continuar con el deber de la oración.

El pueblo de Dios no está ignorante de cuántas artimañas, trampas y tentaciones puede ponerle el diablo a una pobre alma que está verdaderamente dispuesta a tener al Señor Jesucristo como su Salvador, y de someterse también al discipulado de Cristo. El diablo le tienta a la persona a que se canse de buscar el rostro de Dios, y a pensar que Dios no está dispuesto a tener misericordia de alguien como ella. "¡Ay", dice Satanás, "puede que de verdad quieras orar, pero no vas a prevalecer. Tu corazón es duro, frío, torpe y está muerto. No oras con el Espíritu. No lo haces con verdadero fervor. Tu pensamiento se distrae en otras cosas cuando estás fingiendo orar a Dios. Eres un hipócrita. No sigas. Es en vano que sigas esforzándote!" Vea lo que va a pasar si no está bien informado en su entendimiento, se pondrá a decir: "Me dejó Jehová, y el Señor se olvidó de mí" (Is. 49:14). Mientras que si está correctamente informado e iluminado, usted dirá: "Bien, buscaré al Señor, y esperaré; no dejaré de orar aunque parezca que el Señor se mantiene en silencio y no me da ninguna palabra de consuelo. Amaba mucho a Jacob y, no obstante, le hizo luchar antes de otorgarle su bendición (véase Gn. 32 e Is. 40).

Las aparentes demoras de Dios no son indicaciones de su

desagrado. Él puede esconder su rostro de sus santos más amados. "Esperaré, pues, a Jehová, el cual escondió su rostro de la casa de Jacob, y en él confiaré" (Is. 8:17). A Él le agrada mantener a su pueblo orando. Le gusta que llamen a las puertas del cielo. "Puede que el Señor", quizá piense usted, "me esté probando, o le agrada escuchar mis gemidos y clamor sobre mi condición para que yo descanse completamente en Él para mis necesidades".

ORACIÓN

Amado Padre celestial, te doy las gracias porque deseas sinceridad de expresión en mi vida de oración. Te doy las gracias porque no tengo que poner una sonrisa hipócrita cuando me encuentro en profunda agonía, sino que puedo acudir a ti tal como soy en Cristo Jesús. Oh Señor, te doy gracias porque soy tan consciente de mis errores, insuficiencias y pecados personales que a veces solo puedo gemir cuando oro. Es cierto que no he sido consciente hasta ahora de que tú consideras mis quejidos, los gemidos sinceros de mi alma, como oraciones verdaderamente genuinas. Gracias, Señor, por escuchar mis gemidos como oraciones; envíame ahora tu Espíritu Santo en tu amor redentor para que quite la agonía de mi espíritu y mente. No puedo formar palabras para expresar mis necesidades espirituales verdaderas, pero tú puedes ver dentro de mi corazón, ¡por favor, respóndeme! Te lo pido en el nombre de tu Hijo Jesucristo, quien conoció las agonías de la oración. Amén.

LA PACIENCIA
EN LA ORACIÓN

La mujer cananea no estaba dispuesta a tomar las aparentes negativas como la verdadera respuesta. Ella sabía que el Señor era compasivo y que haría justicia a su pueblo aunque los hiciera esperar.

"También les refirió Jesús una parábola sobre la necesidad de orar siempre, y no desmayar, diciendo: Había en una ciudad un juez, que ni temía a Dios, ni respetaba a hombre. Había también en aquella ciudad una viuda, la cual venía a él, diciendo: Hazme justicia de mi adversario. Y él no quiso por algún tiempo; pero después de esto dijo dentro de sí: Aunque ni temo a Dios, ni tengo respeto a hombre, sin embargo, porque esta viuda me es molesta, le haré justicia, no sea que viniendo de continuo, me agote la paciencia. Y dijo el Señor: Oíd lo que dijo el juez injusto. ¿Y acaso Dios no hará justicia a sus escogidos, que claman a él día y noche? ¿Se tardará en responderles?"

(Lc. 18:1-7).

El Señor me ha esperado mucho más a mí que lo que yo he esperado a que me Él respondiera. "Pacientemente esperé a Jehová", dijo David, "y se inclinó a mí, y oyó mi clamor" (Sal. 40:1). El mejor remedio para esperar pacientemente es tener el entendimiento bien informado e iluminado.

¡Qué pena! ¡Cuántas pobres almas hay en el mundo que, debido a que no están bien informadas en su entendimiento, a menudo están listas a darse por vencidas en casi cada trampa y tentación que les pone Satanás! ¡Que el Señor tenga piedad de ellas! Que el Señor las ayude a orar con el Espíritu y también con el entendimiento.

Esto ha sido muy cierto en muchas de mis propias experiencias. Cuando me he visto metido en mis ataques de agonía de espíritu, me he sentido a menudo fuertemente persuadido a abandonar, y a pedirle al Señor que ya no respondiera más a mi solicitud. Pero cuando he recordado y comprendido cuánta misericordia había tenido el Señor de tan grandes pecadores, y cuán grandes eran todavía sus promesas para los pecadores; y que no era a los sanos, sino a los enfermos; no a los justos, sino a los pecadores; no a los que están llenos, sino a los vacíos a los que tenía la intención de dar su gracia y misericordia, pude entonces renovar mi paciencia y perseverancia en oración hasta que recibí la bendición. Recordar y comprender las enseñanzas de las Escrituras me permitió, con la ayuda del Espíritu Santo, asirme del Señor, aferrarme a Él, y continuar clamando, aunque al presente Él no me daba ninguna respuesta. ¡Siempre me ayudó!

Quiera el Señor ayudar a estas pobres personas, tentadas y afligidas, a hacer lo mismo y seguir adelante, aunque puede ser por largo tiempo, según la declaración del profeta: "Aunque la visión tardará aún por un tiempo, mas se apresurará hacia el fin, y no mentirá; aunque tardare, espéralo, porque sin duda vendrá, no tardará" (Hab. 2:3). Que el Señor ayude a los que oran hasta el fin, no mediante las invenciones humanas y sus formas limitadas, sino con la ayuda del Espíritu y del entendimiento también.

ORACIÓN

Señor, enséñame la paciencia y la perseverancia en mis oraciones. Enséñame no solo las cosas por las que oro, sino también las promesas de las Escrituras que puedo reclamar cuando oro. Guíame con tu Espíritu en mis súplicas sinceras por respuestas a mis oraciones. Dame entendimiento cuando oro a ti día tras día y tú pospones la respuesta. Señor, te doy las gracias por tu bondad y misericordia. Ayúdame a glorificarte delante de los hombres y de los ángeles, incluso cuando mis peticiones no son respondidas inmediatamente. Ayúdame en todas las cosas y en todas las circunstancias a vivir y orar como un cristiano, a fin de que otros puedan verte y comprenderte a ti y tu mensaje de buenas nuevas para todos. Amén.

CUANDO INTENTA ORAR, PERO NO PUEDE

Quizá algunos de ustedes han experimentado entrar a su cuarto y han tratado de orar y de abrir su alma en la presencia de Dios, pero han encontrado que apenas puede hacerlo.

¡Oh, alma querida! No son tus palabras las que Dios tiene en alta consideración. A Él no le importa si usted no puede expresarse ante Él con una oración elocuente. Sus ojos se fijan en el quebrantamiento de su corazón; eso es lo que hace que Dios se apresure a escucharle. Recuerde lo que Dios promete por medio de David: "Los sacrificios de Dios son el espíritu quebrantado; al corazón contrito y humillado no despreciarás tú, oh Dios" (Sal. 51:17).

El que no pueda hablarle a Dios puede ser la consecuencia de un corazón muy turbado. David estaba a veces tan acongojado que no podía hablar: "Me acordaba de Dios, y me conmovía; me quejaba, y desmayaba mi espíritu. No me dejabas pegar los ojos; estaba yo quebrantado, y no hablaba" (Sal. 77:3, 4). Esto puede consolar a todos los corazones afligidos, que aunque no puede hablar mucho a causa de la angustia de su corazón, no obstante, el Espíritu Santo despierta en su corazón los gemidos y suspiros de una forma mucho más eficaz. Cuando su boca no puede articular palabra, su espíritu no tendrá dificultades si está asistido por el Espíritu Santo. Moisés hizo que los cielos se abrieran con sus oraciones, aunque en sus momentos de más profunda agonía de corazón ninguna palabra salía de su boca.

Si quiere expresarse más plenamente en la presencia del Señor, estudie: Primero, su estado pecaminoso; segundo, las promesas de Dios; y tercero, el corazón amoroso de Cristo. Podrá discernir el corazón de Cristo al reflexionar en su muerte en la cruz y en el derramamiento de su sangre. Puede pensar en la misericordia que ha mostrado hacia los pecadores en tiempos pasados. Luego exprese en oración su propia bajeza y falta de méritos, lamente su condición delante del Señor, ruegue que la sangre de Cristo le limpie, suplique que le extienda a usted la misericordia que tuvo con otros pecadores, acójase a sus muchas y ricas promesas de gracia, y permita que todas estas cosas llenen su corazón durante su meditación.

Con todo, permítame aconsejarle. Tenga cuidado de no contentarse a sí mismo con sus meras palabras. Tenga cuidado de no pensar que Dios solo mira a sus palabras. Ya sea que sus palabras son pocas o muchas, deje que su corazón y alma acudan con ellas a Dios. Le buscará y le encontrará cuando le busque con todo su corazón y ser:

> "Porque yo sé los pensamientos que tengo acerca de vosotros, dice Jehová, pensamientos de paz, y no de mal, para daros el fin que esperáis. Entonces me invocaréis, y vendréis y oraréis a mí, y yo os oiré; y me buscaréis y me hallaréis, porque me buscaréis de todo vuestro corazón"
>
> (Jer. 29:11-13).

ORACIÓN

Oh Señor, no he sabido cómo acudir a ti cuando sentía la vileza y condenación de mi pecado. No me sentía capaz de pedir tu bendición cuando andaba escondiendo mis pecados sin confesar.

Habilítame, mediante la ayuda del Espíritu Santo, para examinar mi vida y lo más profundo de mi corazón para que confiese mi pecado y reciba tu perdón. Crea en mí un corazón limpio a fin de que pueda trabajar y orar con motivos e intenciones puras. Ayúdame a contemplar la grandeza y hermosura de Cristo, a experimentar su amor redentor en mi corazón, y fortaléceme para servirle con mayor entusiasmo. Amén.

ORE POR EL
ESPÍRITU SANTO

Cristo nos manda orar por el Espíritu, pero esto implica que una persona sin el Espíritu puede orar y ser escuchada:

"Y yo os digo: Pedid, y se os dará; buscad, y hallaréis; llamad, y se os abrirá. Porque todo aquel que pide, recibe; y el que busca, halla; y al que llama, se le abrirá. ¿Qué padre de vosotros, si su hijo le pide pan, le dará una piedra? ¿O si pescado, en lugar de pescado, le dará una serpiente? ¿O si pide un huevo, le dará un escorpión? Pues si vosotros, siendo malos, sabéis dar buenas duádivas a vuestros hijos, ¿cuánto más vuestro Padre celestial dará el Espíritu Santo a los que se lo pidan?

(Lc.11:9-13).

Cristo dirigió la enseñanza de este pasaje a sus propios discípulos. Les está diciendo que Dios dará su Espíritu Santo a los que se los pidan y lo que les dice hay que entenderlo en el sentido de conseguir *más* del Espíritu Santo. Puesto que es a los discípulos a los que está hablando, ellos ya tienen una cierta medida del Espíritu.

Les había enseñado a orar diciendo: "Padre nuestro". Los cristianos deberían orar por el Espíritu Santo; es decir, debería orar pidiendo más de Él aunque Dios ya les ha provisto de Él.

Alguien me podría preguntar: "¿Nos está diciendo que nadie ora excepto los que saben que son discípulos de Cristo?" Mi respuesta es: "Sí". Que toda alma que va a ser salva abra su corazón a Dios, aunque esa alma no pueda, por tanto, concluir que es un hijo de Dios.

Yo sé que si la gracia de Dios está en usted, será natural en usted expresarle a Dios su condición con gemidos; como es natural para un bebé llorar por el pecho de su madre. La oración es una de las primeras cosas que revelan que una persona es cristiana. Pero si es la clase correcta de oración se desarrollará de la siguiente forma:

1. La oración correcta debe desear a Dios en Cristo, por Él mismo; por su santidad, amor, sabiduría y gloria. La oración correcta se dirigirá solo Dios a través de Cristo, de forma que estará centrada en Él y solo en Él. Como el salmista lo expresó: "¿A quién tengo yo en los cielos sino a ti? Y fuera de ti nada deseo en la tierra" (Sal. 73:25).

2. La oración correcta debe gozar de comunión continua con Él, tanto aquí como en el más allá. "En cuanto a mí, veré tu rostro en justicia; estaré satisfecho cuando despierte a tu semejanza" (Sal. 17:15). Y Pablo escribió: "Y por esto también gemimos, deseando ser revestidos…" (2 Co. 5:2).

3. La oración correcta va seguida de una obra constante a favor de aquello por lo que se ora: "Mi alma espera a Jehová más que los centinelas a la mañana, más que los vigilantes a la mañana" (Sal. 130:6). Les suplico que recuerden que hay dos cosas que motivan la oración. Una es la aversión al pecado y a las cosas de esta vida; la otra es el anhelo por la comunión con Dios en un estado y herencia puro y sin mancha. Compare esto con la mayoría de las oraciones que hace la gente, y encontrará que no son otra cosa que una parodia y los deseos de un espíritu abominable; porque la mayoría no ora o son meros esfuerzos por imitar a Dios y al mundo al hacerlo así. Compare solamente sus oraciones y el curso de su vida, y llegará fácilmente a la conclusión de que lo que

incluyen en sus oraciones es lo que menos se ve en su vida.

ORACIÓN

Oh Señor, te doy las gracias por el don del Espíritu Santo en mi vida, pero confieso que lo he estado dejando en un rincón de mi vida y lo he entristecido por mi desconsideración con Él. Perdóname por mi egoísmo y mi insensibilidad a las bendiciones espirituales que me has permitido gozar, porque he estado completamente cautivado por lo terreno y material. Lléname ahora con la plenitud de tu Espíritu, no para mi disfrute egoísta, sino para mi comunión contigo, lo que llevará a tu alabanza y gloria. Lléname con tu Espíritu ahora mismo, para que pueda vivir una vida consecuente con mi profesión de fe en Cristo Jesús. Amén.

LA ORACIÓN EN TEMOR Y ESPERANZA

La oración es el deber de cada uno de los hijos de Dios. Puesto que la oración la lleva a cabo el Espíritu de Cristo en el alma, todo el que toma sobre sí el compromiso de orar al Señor necesita ser cuidadoso y emprender la tarea especialmente con el temor de Dios, como también con la esperanza de la misericordia de Dios por medio de Cristo.

La oración es una ordenanza de Dios mediante la cual usted se acerca muy íntimamente a Él; por lo tanto, su oración debe buscar la asistencia de la gracia de Dios para ayudarle a orar, porque a través de la oración usted entra especialmente a la presencia de Dios.

Es una pena que una persona se comporte irrespetuosamente ante un rey, ¡pero es un pecado hacerlo ante Dios! Así como un rey sabio no se siente complacido con una oración compuesta de palabras y gestos impropios, Dios tampoco se agrada del sacrificio de los necios:

> "Cuando fueres a la casa de Dios, guarda tu pie;
> y acércate más para oír que para ofrecer el sacrificio de
>   los necios;
> porque no saben que hacen mal.
> No te des prisa con tu boca, ni tu corazón se apresure
> a proferir palabra delante de Dios;
> porque Dios está en el cielo, y tú sobre la tierra;
> por tanto, sean pocas tus palabras.
> Porque de la mucha ocupación viene el sueño,
> y de la multitud de las palabras la voz del necio.
> Cuando a Dios haces promesa, no tardes en cumplirla;
> porque él no se complace en los insensatos.
> Cumple lo que prometes"

> (Ec. 5:1-4).

No le suenan bien al oído de Dios los largos discursos ni las lenguas elocuentes, pero a la divina Majestad le agrada mucho el corazón quebrantado, contrito y humillado:

> "Porque así dijo el Alto y Sublime, el que habita la
> eternidad, y cuyo nombre es el Santo: Yo habito en la
> altura y la santidad, y con el quebrantado y humilde de
> espíritu, para hacer vivir el espíritu de los humildes, y
> para vivificar el corazón de los quebrantados"

> (Is. 57:15).

En algunas páginas más adelante hablaré de las principales obstrucciones a la oración correcta.

Cuando los hombres se interesan en la iniquidad en su corazón, en el momento de sus oraciones ante Dios, es como si un gran muro impenetrable los separara de Dios. "Si en mi corazón hubiese yo mirado a la iniquidad", dijo el salmista, "el Señor no me habría escuchado. Mas ciertamente me escuchó Dios; atendió a la voz de mi súplica" (Sal. 66:18, 19).

Usted debe entender esto: puede estar orando por la prevención del pecado y al mismo tiempo estar cultivando en su corazón un amor secreto por aquello mismo que ora para evitarlo y que pide fortaleza para resistirlo. Esta es la maldad del corazón humano: ama y se aferra a aquello que niega con sus labios. Estos son los que honran a Dios con su boca, pero su corazón está muy lejos de Él. "Y vendrán a ti como viene el pueblo, y estarán delante de ti como pueblo mío, y oirán tus palabras, y no las pondrán por obra; antes hacen halagos con sus bocas, y el corazón de ellos anda en pos de su avaricia" (Ez. 33:31).

¡Oh, cuán desagradable sería para nuestros ojos si un mendigo viniera a pedirnos limosna con la intención de arrojarla a los perros! Es como si un hombre estuviera pidiendo por un lado de su boca: "¡Concédeme esto!", y por el otro estuviera diciendo: "¡Te suplico que no me lo des!" Esas son las personas que dicen con su boca: "Hágase tu voluntad" y con su corazón tienen otra intención. Con su boca dicen: "Santificado sea tu nombre", pero con su corazón y vida se deleitan en deshonrarle durante todo el día. Estas son las oraciones que se convierten en pecado, y aunque las dicen con frecuencia, el Señor nunca las va a responder. "Clamaron, y no hubo quien los salvase; aun a Jehová, mas no les oyó" (2 S. 22:42).

Cuando la persona ora para exhibirse, para ser escuchada, o para que piensen que es muy religiosa, etc., estas oraciones tampoco son aceptables para Dios y probablemente nunca serán respondidas en referencia a la vida eterna. Estos son los que buscan prestigio y aplausos por sus palabras elocuentes y que ante todo procuran acariciar los oídos y cabezas de los oyentes. Estas personas oran para que los demás los escuchen, y esa es toda la recompensa que van a recibir (véase Mt. 6:5). Puede descubrir pronto a estas personas:

1. Si sus ojos están solo puestos en las expresiones de los oyentes.
2. Si buscan alabanza cuando han terminado.
3. Si su corazón se levanta o cae según el número y volumen de los elogios.
4. Si les agrada mucho la extensión de sus oraciones, y a fin de que sus oraciones sean extensas emplean muchas vanas repeticiones (véase Mt. 6:7).
5. Si cuando han terminado de orar, no esperan a que Dios les hable, solo desean escuchar a los hombres.

ORACIÓN

Padre santo, examíname y conóceme. Revélame los secretos ocultos de mi corazón. Muéstrame el pecado que todavía amo, y convénceme mediante tu Espíritu de toda injusticia. Ayúdame a alejarme de toda maldad y a volverme a ti con el propósito de obedecerte en todas las cosas. Perdóname y capacítame para vivir día a día en amor y fe. Que estas palabras mías no procedan de la mente y corazón de otros, sino que broten de mi propio corazón para ti y que sirvan para que otros también te entreguen su corazón. Amén.

capítulo
26

LA ORACIÓN QUE NO RECIBIRÁ RESPUESTA

La oración que Dios no aceptará ni responderá es la oración que busca cosas que no corresponden; o si son las cosas buenas, se hace con motivos incorrectos. Algunos van a Dios en oración solicitando cosas que solo son para su deleite y para fines indebidos. Algunos no reciben porque no piden y otros piden y no reciben porque piden mal, para satisfacer sus propios placeres:

> "Codiciáis, y no tenéis; matáis y ardéis de envidia, y no podéis alcanzar; combatís y lucháis, pero no tenéis lo que deseáis, porque no pedís. Pedís, y no recibís, porque pedís mal, para gastar en vuestros deleites. ¡Oh almas adúlteras! ¿No sabéis que la amistad del mundo es enemistad contra Dios? Cualquiera, pues, que quiera ser amigo del mundo, se constituye enemigo de Dios"
>
> (Stg. 4:2-4).

Los fines y propósitos contrarios a la voluntad de Dios constituyen una gran razón para que Él no responda a las peticiones que usted le presente. De ahí que muchos que oran por esto o aquello no lo reciban. Dios los contesta solo con silencio. Lo único que escuchan son sus propias palabras, y eso es todo.

Algunos pueden objetar y decir que Dios sí escucha a algunas personas, aunque su corazón no este en armonía con Él, como hizo con Israel. Les dio codornices en el desierto aunque las consumieron para satisfacer sus placeres. Con todo, mi respuesta es que si Dios lo hace es para juicio y no para misericordia. Les dio ciertamente lo que deseaban, pero hubieran estado mucho mejor sin ello, porque también envió pobreza para su alma. ¡Vea lo que le viene a ese hombre cuando Dios le responde en esa forma! Como explica el salmista:

> "Entonces creyeron a sus palabras
> y cantaron su alabanza.
> Bien pronto olvidaron sus obras;
> |no esperaron su consejo.
> Se entregaron a un deseo desordenado en el desierto;
> y tentaron a Dios en la soledad.
> Y él les dio lo que pidieron;
> mas envió mortandad sobre ellos"
>
> (Sal. 106:12-15).

Hay otras clases de oraciones que no son respondidas. Estas son las oraciones hechas por los hombres y presentadas a Dios solo en su propio nombre, sin hacerlo en el nombre del Señor Jesús. Porque aunque Dios ha establecido la oración, y ha prometido escuchar las oraciones de sus criaturas, no obstante, Él no escuchará la oración de ninguna persona que no llega a Él en Cristo. Jesús nos dijo: "Y todo lo que pidiereis al Padre en mi nombre, lo haré, para que el Padre sea glorificado en el Hijo" (Jn. 14:13). Y como Pablo ha escrito: "Y todo lo que hacéis, sea de palabra o de hecho, hacedlo todo en el nombre del Señor Jesús, dando gracias a Dios Padre por medio de él" (Col. 3:17). Aunque usted no sea tan devoto, ferviente, entusiasta y constante en la oración, recuerde que es solo en Cristo que Dios le escucha y le acepta.

Lo triste es que la mayoría de las personas no saben lo que es acudir a Dios en el nombre del Señor Jesucristo, y esa es la razón por la que viven, oran y mueren como malvados.

ORACIÓN

Oh Señor, ayúdame a orar con los motivos e intenciones correctos en mi corazón. Ayúdame a no pedir nunca aquellas cosas que solo voy a usarlas para mi egoísmo para cultivar mis deleites. En vez de orar indebidamente, ayúdame a conocerte tan bien que ore solo por aquellas cosas que tú quieres que yo tenga y que ore por ellas. Ayúdame a orar cada día por todo lo que es conforme a tu voluntad y propósito. Padre, tú ves el escenario completo. Tú ves y entiendes mis verdaderas necesidades y las necesidades de otros. Tú conoces las necesidades auténticas de tu reino en la tierra. Ayúdame a ser tu colaborador en todas aquellas cosas que tú ves con tanta claridad. Lléname con tu Santo Espíritu a fin de que pueda orar en el nombre de Jesús y pueda contribuir a que las cosas sean diferentes en el mundo. Te elevo esta oración no en mis propios méritos, sino en los de tu Hijo amado que murió en la cruz por mí. Amén.

LA ORACIÓN DEBE TENER PODER

La última cosa que dificulta la oración es la forma de oración sin el poder. Es fácil para las personas ser muy apasionadas con cosas como las formas de la oración, como aparecen escritas en un libro. Sin embargo, se olvidan por completo de preguntarse a sí mismos si tienen o no tienen el espíritu y el poder de la oración. Estas personas son como el que lleva maquillaje, y sus oraciones son como una voz falsa. Tienen la apariencia de un hipócrita en persona y sus oraciones son una abominación: "El que aparta su oído para no oír la ley, su oración también en abominable" (Pr. 28:9). Cuando dice que han abierto su alma a Dios, pero el Señor dice que están aullando como perros: "Y no clamaron a mí con su corazón cuando gritaban sobre sus camas; para el trigo y el mosto se congregaron, se rebelaron contra mí" (Os. 7:14).

Por lo tanto, cuando usted intenta orar al Señor del cielo y la tierra, tenga en cuenta las siguientes cuestiones:

1. Considere seriamente lo que quiere. No pida, como muchos que con sus palabras solo le hablan al aire, por cosas

que en verdad usted no desea, ni que tampoco necesita.

2. Cuando vea lo que quiere, persista con ello y tenga el cuidado de orar sensiblemente.

3. Preste atención a que su corazón se abra de verdad a Dios así como también su boca. No lleve su boca más lejos de lo que está dispuesto a ir con su corazón. David elevaba su corazón y alma al Señor; y por buenas razones, porque si lo único que ora es la boca del hombre, sin su corazón, eso es solo fingimiento. Si tiene en mente extenderse en la oración en la presencia de Dios, procure que sea también con su corazón.

4. Evite las expresiones afectadas y complacerse a sí mismo con su uso, porque puede olvidarse rápidamente de la verdadera razón de ser de la oración.

ORACIÓN

Padre, mi oración a ti nunca tendrá poder sin que el Espíritu Santo llene mi vida y hasta que empiece en verdad a alabarte por quien tú eres y por lo que estás haciendo conforme a tu naturaleza santa. Te amo por crear la maravilla de la vida y la belleza de la creación. Te doy gracias por la Palabra que proclama muchas cosas que están ocultas a aquellos que se creen sabios en su propia opinión, pero que hace sabios a los de corazón humilde y contrito. Concédeme poder en la oración dándome mayor sensibilidad para tu maravilla, majestad y amor en Cristo Jesús. Amén.

UNA PALABRA
DE ÁNIMO

Tenga cuidado de no deshacerse de la oración por la persuasión repentina de que no tiene el Espíritu Santo. El diablo se esfuerza en hacer su mejor trabajo, o quizá el peor, en contra de las mejores oraciones. Él halagará a los hipócritas camuflados y los alimentará con mil elogios de que lo están haciendo bien, cuando su deber de la oración, y todos los otros deberes también, le huelen muy mal a Dios. El diablo aparecerá también cerca del pobre Josué para acusarle; es decir, para persuadirle de que ni su persona ni su actuación son aceptables para Dios.

> "Me mostró al sumo sacerdote Josué, el cual estaba delante del ángel de Jehová, y Satanás estaba a su mano derecha para acusarle. Y dijo Jehová a Satanás: Jehová te reprenda, oh Satanás; Jehová que ha escogido a Jerusalén te reprenda. ¿No es éste un tizón arrebatado del incendio? Y Josué estaba vestido de vestiduras viles, y estaba delante del ángel. Y habló el ángel, y mandó a los que estaban delante de él, diciendo: Quitadle esas

vestiduras viles. Y a él le dijo: Mira que he quitado de ti tu pecado, y te he echado vestir de ropas de gala. Después dijo: Pongan mitra limpia sobre su cabeza. Y pusieron una mitra limpia sobre su cabeza, y le vistieron las ropas. Y el ángel de Jehová estaba en pie. Y el ángel de Jehová amonestó a Josué, diciendo: Así dice Jehová de los ejércitos: Si anduvieres por mis caminos, y si guardares mis ordenanzas, también tú gobernarás mi casa, también guardarás mis atrios, y entre éstos que aquí están te daré lugar"

(Zac. 3:1-7).

Así, pues, tenga cuidado de tales falsas conclusiones y desalientos sin base; y aunque esas persuasiones vienen a su espíritu para convencerle de que no puede orar, más bien que quedar desanimado por ellas úselas para crecer en sinceridad e inquietud de espíritu cuando se acerca a Dios.

Esas tentaciones repentinas no deberían apartarle de la oración y de abrir su alma a Dios; como tampoco deberían impedírselo las propias corrupciones de su corazón. Puede suceder que usted encuentre dentro de sí mismo todas esas corrupciones antes mencionadas, y ellas pueden estar intentando por todos los medios meterse dentro de usted cuando busca orar a Dios. Su actitud entonces debe ser la de condenarlas y orar en contra de ellas. Póngase mucho más a los pies del Señor con un sentido más profundo de su propia maldad más que argumentar a favor de sus solicitudes desde la vileza y corrupción de su corazón. Ruegue al Señor por la gracia que justifica y santifica, y no argumente desde la base del desánimo y la desesperanza. David oró de esta manera: "Por amor de tu nombre, oh Jehová, perdonarás también mi pecado, que es grande" (Sal. 25:11).

Quiero darle una palabra de ánimo al alma entristecida, tentada y abatida para que ore a Dios en Cristo. Aunque toda oración referida a la vida eterna debe ser hecha en el Espíritu a fin de que sea aceptada por Dios —porque esa es la única forma de hacer intercesión por nosotros conforme a la voluntad de Dios—, no obstante, debido a que muchas almas pueden tener el Espíritu Santo obrando en ellas, e incitándolas a gemir al Señor por misericordia, pueden orar a Dios por medio de Cristo. Aun cuando por causa de incredulidad ellos no creen, ni al presente pueden, que son el pueblo de Dios, Él se deleita en tales personas y la verdad de la gracia puede venir sobre ellos.

Lo que nos dicen las Escrituras en Lucas 11 es muy alentador para toda pobre alma hambrienta de Cristo Jesús. En los versículos 5-7, Jesús cuenta una parábola acerca de un hombre que acudió a su amigo para pedirle prestados tres panes, quien se lo negó debido a que se encontraba en la cama; con todo, por su insistencia, se levantó y le dio lo que le pedía. Esta parábola nos enseña claramente que aunque las pobres almas, por la debilidad de su fe no pueden ver que son amigos de Dios, nunca deberían dejar de pedir, buscar y llamar a la puerta de Dios por misericordia. ¡Pobre corazón! Usted clama diciendo que Dios no le tendrá en cuenta, y luego encuentra que no es uno de sus amigos, sino un enemigo en su corazón por medio de sus palabras y obras pecaminosas. Y se encuentra como si el Señor le estuviera diciendo: "No me molestes. No puedo darte como el de la parábola". No obstante, le digo que siga llamando, clamando y gimiendo. Mi propia experiencia me dice que nada va a prevalecer tanto con Dios como suplicar. ¿No es así con respecto a los mendigos que llaman a su puerta? Aunque usted no tiene disposición para darles nada cuando llaman por primera vez, con todo, si ellos siguen gimiendo, ¿no va a terminar dándoles?. Las Escrituras nos dicen que Dios se levantará y nos dará lo que necesitamos.

ORACIÓN

Oh Señor, que yo sea capaz de perdonar a otros para que tú me perdones a mí. Oh Señor, que yo dé a los necesitados para que tú satisfagas mis necesidades diarias. Acudo a ti hoy en fe y te pido que me llenes con tu Espíritu Santo como un don de tu gracia. Concédeme el espíritu de perseverancia a fin de que yo prevalezca en mis oraciones y peticiones delante de ti siempre esas peticiones sean conforme a tu voluntad. Y dame también la capacidad de dar a otros el ánimo que tú me has dado a mí en Jesús. Amén.

capítulo

29

LA ORACIÓN ANTE EL TRONO DE LA GRACIA

Otro motivo de aliento para el pobre corazón tembloroso y culpable es pensar en el lugar, trono o sede en la que Dios se ha puesto a sí mismo para escuchar las peticiones y oraciones de sus criaturas: es el trono de la gracia o propiciatorio: "Acerquémonos, pues, confiadamente al trono de la gracia, para alcanzar misericordia y hallar gracia para el oportuno socorro" (He. 4:16).

En estos días del evangelio, Dios se ha sentado en su trono, en el lugar de su morada, para extender misericordia y perdón; y tiene la intención de escuchar al pecador y estar en comunión con Él desde su trono de gracia. ¡Pobres corazones! Son muy capaces de albergar pensamientos extraños de Dios y sobre su comportamiento para con ellos, y sacar la conclusión repentina de que Dios nos los tiene en cuenta, cuando Él está sentado en su trono de gracia. Dios ocupa su lugar allí a propósito, con el fin de escuchar y atender a las oraciones de sus criaturas. Si Él hubiera dicho: "Voy a tener

117

comunión con vosotros desde mi trono de juicio", tendríamos muchas razones para temblar y huir del gran y glorioso Soberano. Pero cuando Él dice que va escuchar y tener comunión con las almas desde su trono de gracia, desde el propiciatorio, esto debería alentarnos y llenarnos de esperanza. ¡Acuda audazmente al trono de la gracia!

Así como hay un trono de la gracia desde donde Dios está dispuesto a tener comunión con los pobres pecadores, también está sentado a su lado Cristo Jesús. El Señor Jesucristo está rociando continuamente el propiciatorio con su sangre. Como dicen las Escrituras: "Se han acercado a Dios, el juez de todos; a los espíritus de los justos que han llegado a la perfección; a Jesús, el mediador de un nuevo pacto; y a la sangre rociada, que habla con más fuerza que la de Abel" (He. 12:23, 24, NVI).

Cuando bajo la ley el sumo sacerdote entraba en el lugar santísimo, donde se encontraba el propiciatorio, no podía hacerlo sin la sangre (véase He. 9:7). ¿Por qué no? Porque Dios estaba allí sentado, y era perfectamente justo así como misericordioso. Así pues, la misión de la sangre era evitar que la justicia cayera sobre las personas afectadas por la intercesión del sumo sacerdote (véase Lv. 16:13-17). Esto debería significar para usted que toda su falta de mérito no debe impedirle que acuda a Dios buscando misericordia en Cristo. Usted clama diciendo que es indigno, y que, por lo tanto, Dios no va a tener en cuenta sus oraciones. Eso es cierto si usted se deleita en su vileza y se acerca a Dios con sus pretensiones. Pero si en base de un sentido de su maldad abre su corazón a Dios, y desea con todo su ser la salvación de su culpa y ser limpio de todo pecado; no tenga temor, porque su maldad no va a impedir que el Señor le escuche. El valor de la sangre de Cristo que se rocía sobre el trono de gracia para el curso de la justicia, y abre una compuerta para que la misericordia del Señor se le extienda a usted.

Jesús está allí en la presencia de Dios, no solo para rociar el trono de gracia con su sangre, sino que Él habla y su sangre habla. Jesús tiene una audiencia y su sangre tiene una audiencia; de tal modo que Dios dice que cuando ve la sangre pasa de largo (véase Éxodo 12). Sea serio y humilde. Vaya al Padre en el nombre de su Hijo y háblele de su situación. Vaya con la ayuda del Espíritu Santo y también con su entendimiento en armonía con la Palabra de Dios.

ORACIÓN

Amado Padre celestial, Padre de la luz y de la verdad, te doy las gracias porque durante este tiempo cuando el evangelio es predicado en todo el mundo, tú estás sentado en tu trono de gracia. Te doy gracias porque puedo acudir a ti por medio de la sangre derramada de Cristo Jesús, y que no tengo por qué sentir temor del juicio que merezco gracias a su intercesión a mi favor. Ayúdame ahora a dar a conocer estas preciosas buenas noticias para que otros muchos sean salvos por medio de la fe. Amén.

NO ENTRISTEZCA AL ESPÍRITU SANTO

Hay y debe haber una buena represión para los que nunca oran. "Oraré", dijo el apóstol, y díganlo también todos los cristianos. Usted no es cristiano si no es una persona que ora. La promesa de Dios es que todos los justos orarán: "Por esto orará a ti todo santo en el tiempo en que puedas ser hallado; ciertamente en la inundación de muchas aguas no llegarán éstas a él" (Sal. 32:6). ¡Usted es entonces un malvado desdichado si no ora!

Jacob recibió el nombre de Israel por luchar con Dios en oración: "Y el varón le dijo: No se dirá más tu nombre Jacob, sino Israel; porque has luchado con Dios y con los hombres, y has vencido" (Gn. 32:28). Y todos sus hijos han llevado ese nombre con él: "Paz y misericordia sea a ellos, y al Israel de Dios" (Gá. 6:16).

Pero los pueblos que se olvidan de la oración, que no invocan el nombre del Señor, tienen oraciones hechas para ellos, pero son oraciones tales como esta: "Derrama tu enojo sobre los pueblos que no te conocen, y sobre las naciones que no invocan tu nombre" (Jer. 10:25). ¿Es usted como estos pueblos que no invocan el nombre del Señor? ¿Se va usted a la cama como un perro y se levanta como un perro, o como un borrachín, y se olvida de invocar a Dios? ¿Qué va a hacer cuando se vea condenado en el infierno por no haber tenido el deseo de orar a Dios y pedirle su salvación? ¿Quién estará allí para llorar por su dolor debido a que consideró que no merecía la pena rogar por la misericordia de Dios? Déjeme decirle que los cuervos y los perros se levantarán en el juicio contra usted, porque ellos hacen, conforme a su especie, señales y ruidos por algo que los renueve cuando lo necesitan. Pero usted no tiene corazón para pedirle perdón y misericordia o acercarse a nuestro gran Dios en oración cuando está en su trono de gracia. Aun cuando debe perecer eternamente en el infierno, si no ruega a Dios por el cielo, no le pida.

¿Qué acerca del que tiene por costumbre desairar, burlarse y menospreciar al Espíritu y el orar por el Espíritu Santo? ¿Qué hará cuando Dios le pida cuentas de estas cosas? Usted considera una alta traición el hablar en contra del rey, y tiembla con simplemente pensarlo; y mientras tanto, sin embargo, blasfema contra el Espíritu del Señor. ¿Es Dios alguien con quien jugar y que Él sea al final bueno con usted? ¿Ha enviado Dios su Espíritu al corazón de sus hijos para que ellos pudieran burlarse de Él; especialmente cuando los llama a orar? ¿Es esto servir a Dios? ¿Demuestra eso la reforma de su iglesia? ¿Se puede sentir contento de ser condenado por sus pecados en contra de la ley, y puede añadirle a esto el pecar contra el Espíritu Santo?

¿Debe ser el santo, inofensivo, inmaculado Espíritu de gracia, la naturaleza de Dios, la promesa de Cristo, el Consolador de sus hijos, aquel sin el cual ninguno puede ser aceptable para el Padre, debe ser este, digo, el motivo de su canto para mofarse, ridiculizar, burlarse de Él? Si Dios envió a Coré y a su gente de cabeza al infierno por hablar en contra de Moisés y Aarón, ¿piensan los que se mofan del Espíritu de Cristo que van a escapar sin castigo (véase Nm. 16 y He. 10)? ¿Nunca leyó lo que Dios hizo con Ananías y Safira por mentirle al Espíritu Santo (véase Hch. 5)? ¿También a Simón el Mago por subestimarle a Él y su obra (véase Hch. 8)? ¿Será su pecado tenido como virtud o quedará sin castigo si usted tiene el hábito de protestar furiosamente contra el Espíritu y oponerse al ministerio, servicio y ayuda que Él da a los hijos de Dios en oración? Es algo temible oponerse y despreciar al Espíritu de gracia, quien bendecirá su vida en oración.

Así como esta es la condenación de los que abiertamente blasfeman contra el Espíritu Santo, en un tiempo de desdén y deshonra para su posición y servicio, también lo es para los que resisten el espíritu de oración mediante el uso de formas inventadas por el hombre. Es un verdadero amaño del diablo el que las tradiciones humanas sean más estimadas que el espíritu de oración. ¿Es esta menor que la maldecida abominación de Jeroboam, quien impidió que muchos fueran a Jerusalén, el lugar y forma de adoración establecida por Dios? Uno pensaría que los juicios de Dios de la antigüedad sobre los hipócritas de aquel tiempo haría escuchar a los que han escuchado acerca de ellos para prestar atención y temer hacer lo mismo. Sin embargo, los doctores de nuestros días están tan lejos de prestarle atención a la advertencia del castigo de otros, que corren apresuradamente a la misma transgresión poniendo sus tradiciones por encima de las Escrituras y sus oraciones escritas por encima de orar en el Espíritu. Establecen instituciones humanas que Dios no ha mandado ni ha recomendado, y luego afirman que todo aquel que no las obedezca debe ser echado del país o de este mundo. De modo que el espíritu de oración es repudiado e impuesta la forma de oraciones impresas, el Espíritu es degradado y las formas ensalzadas.

A los que oran con el Espíritu, aunque suelen ser tan humildes y santos, se les considera fanáticos. A los que oran solo con la forma de una oración escrita, y sin el Espíritu, son tenidos como virtuosos. ¿Y como van a responder los que favorecen dicha práctica a las Escrituras que mandan que la Iglesia se aparte de tales personas que tienen una apariencia de piedad, pero su conducta niega su poder (véase 2 Ti. 3:5)?

ORACIÓN

Oh Señor, vivo en un siglo diferente del de Juan Bunyan, quien se vio forzado por la ley y las autoridades eclesiásticas a orar y adorarte a ti en una cierta manera y formalidad, y quien fue encarcelado por su desobediencia. Sin embargo, encuentro que la tentación está siempre delante de mí a honrar a los hombres y las obras de los hombres mucho más que a ti. Perdóname por aquellas veces que he rechazado la influencia del Espíritu Santo, quien me llamaba a apartarme del pecado y entregarme a la oración. Hoy decido ser sensible a su dirección con el fin de orarte a ti cuando Él me anima a hacerlo. Amén.

PONGA A DIOS DELANTE DE LOS HOMBRES

El que promueve el *Libro de oración común* por encima del espíritu de oración fomenta una forma de oración del hombre por encima de la dirección e influencia del Espíritu Santo. Esto lo hacen los que expulsan, o desean expulsar, a los que oran con el espíritu de oración mientras que ellos abrazan y aceptan a los que oran solo con la forma, y por eso usan el *Libro de oración común*. Por lo tanto, aman y promueven sus propias formas o las que otros han inventado, antes que el espíritu de oración, que es lo que Dios ha establecido en su gracia y bondad.

Investigue dentro de las cárceles de Inglaterra y dentro de las tabernas, y encontrará en las celdas a los que imploran por el espíritu de oración, y en hallará solo en las tabernas a los que buscan la forma de las invenciones de los hombres. Es también evidente por el silenciamiento de los amados ministros de Dios, aunque nunca antes tan poderosamente capacitados por el espíritu de oración, porque su conciencia no les permite admitir esa forma del *Libro de oración común*. Si esto no es una exaltación del *Libro común de oración* por encima de la oración en el Espíritu o de la predicación de la Palabra, entonces estoy equivocado. No es un placer para mí extenderme en esto. El Señor en su misericordia vuelve los corazones de las personas a buscar más el espíritu de oración y en virtud de ello, abrir su alma a Dios delante del Señor. Déjeme solo decirle que es una triste indicación que aquello que es una de las partes más eminentes de la pretendida adoración a Dios es anticristiana cuando no tiene otra cosa que tradiciones humanas y el poder de la persecución para mantenerlo o abogar por ello.

Concluiré con una palabra de consejo para todo el pueblo de Dios:

1. Crea que tan seguro como está en el camino de Dios se encontrará con tentaciones.
2. Por lo tanto, desde el primer día que entre en la congregación de Cristo prepárese para las tentaciones que vendrán.
3. Cuando le acosen las tentaciones busque la ayuda de Dios para vencerlas.
4. Examine su propio corazón y no permita que le engañe en sus evidencias del cielo o en su caminar con Dios en este mundo.
5. Tenga cuidado con la adulación de los falsos hermanos.
6. Manténgase en la vida y el poder de la verdad.
7. Busque sobre todo las cosas que no se ven.
8. No se descuide con los pequeños pecados.
9. Mantenga vivas en su corazón las promesas de Dios.
10. Renueve sus actos de fe en la sangre de Cristo.
11. Considere la obra que Dios tiene para su generación.
12. Decídase a correr con los cristianos más destacados de su generación.

Que la gracia de Dios sea con usted.

EL ESPÍRITU DE ORACIÓN

Busque tener esa mente buena y bendecida
que está inclinada a las cosas celestiales,
que se remonta en vuelo,

y busca contemplar siempre la bendita eternidad.
Esa mente que nunca piensa en el descanso,
sino que cuando conoce queda para siempre bendecida;
esa mente que no puede estar aquí más contenta
que lo está el que se encuentra en el lamento de la
prisión;
esa mente bendita que se considera a sí misma libre
cuando puede estar cerca del trono con Jesús,
para gozar allí de las mansiones que Él prepara
para que estemos con Él y sus coherederos.
Esa mente está en el pacto de la gracia,
y será de los que verdaderamente vean su rostro. [1]

ORACIÓN

Oh Señor, mi Dios y Salvador, fortaléceme con tu Espíritu y con todo lo que he aprendido de Juan Bunyan, quien sufrió intensa y prolongada persecución por su fe. Que yo sea edificado y fortalecido en mi mente por las palabras de enseñanza y amonestación que él ha proclamado basadas en tus Escrituras, a fin de que pueda amarte con toda mi mente. Que sea yo fortalecido en alma y espíritu por tu Espíritu de verdad obrando en mi vida, a fin de que pueda amarte con todo mi alma y poder. Que sea yo fortalecido en mi corazón siempre que sea tentado a poner las tradiciones de los hombres por encima de tu Palabra y de tu Espíritu. Fortaléceme y lléname con tu Espíritu con el fin de que pueda dar a otros un testimonio mejor y valeroso acerca de tu amor redentor y del poder transformador de tu evangelio. Te lo pido por amor de tu reino. Amén

---

1. Tomado de *Ebal y Gerizim*, un extenso poema de Juan Bunyan que incluye este poema breve, *El espíritu de oración*.

En las siguientes páginas puede leer una porción del libro
Extraordinarias oraciones de la Biblia, por Jim George. Espe-
ramos que sea de su agrado y le anime a continuar leyendo el
resto hasta finalizarlo, así como los otros títulos sobre el tema
de la oración publicados por Editorial Portavoz.

ISBN: 978-0-8254-1271-4

Capítulo 7

Job...
un hombre de
extraordinario carácter

Hubo... un varón llamado Job; y era este hombre perfecto
y recto, temeroso de Dios y apartado del mal.
—JOB 1:1

uando a las personas buenas les pasan cosas malas
es el título de un libro de gran éxito de ventas publicado
hace más de 20 años. Fue escrito por el rabino Harold
Kushner después que perdió a su hijo víctima de una rara
enfermedad de envejecimiento. Como muchas otras personas
que han tenido que enfrentar alguna tragedia, el rabino Harold
Kushner preguntaba: "Si Dios existe y se supone que sea clemente
y bondadoso, ¿cómo es posible que nos haya hecho esto a mí y
a mi hijo inocente?"

La pregunta hecha por el rabino Kushner sobre el sufrimiento
de los "inocentes" ha sido hecha por otras personas a lo largo de
los siglos. Aunque muchas de esas observaciones no han llegado a
nosotros, estoy seguro de que algunos de esos mismos individuos
hicieron la misma pregunta de justicia.

Pero la Biblia recoge para nosotros un notable y antiguo relato de sufrimiento y de cómo manejar con éxito las: "Cosas malas", la historia de un hombre llamado Job. Su historia pormenoriza el proceso de prueba y perfeccionamiento que tuvo que soportar en medio del sufrimiento.

Un carácter forjado en el sufrimiento

A medida que vamos estudiando algunas de las extraordinarias oraciones en la Biblia y los extraordinarios hombres y mujeres que ofrecieron esas oraciones, es importante conocer que los libros de la Biblia no aparecen en orden cronológico. El libro de Job, que contiene la vida y las oraciones de Job, aparece a mediados de la Biblia. Sin embargo, los especialistas en textos bíblicos creen que es el más antiguo de todos los documentos bíblicos. Job probablemente vivió en los tiempos de Abraham.

¿Quién fue Job? La Biblia dice que fue un hombre de grandes riquezas e influencia. Lo describe de la siguiente manera: "era aquel varón más grande que todos los orientales" (Job 1:3). Además de una gran fortuna, tenía una esposa y diez hijos. Job había sido bendecido con tanta abundancia que parecía como si Dios hubiera hecho una cerca: "alrededor de él" (v. 10).

Pero las cosas cambiaron. En el espacio de unas horas, Job pasó de la fortuna a la pobreza. Lo perdió todo: sus hijos, su fortuna y hasta la salud. ¿Cómo respondería a tal devastación? Satanás, el acusador de nuestros hermanos (Ap. 12:10), le sugirió a Dios que Job: "blasfema contra ti en tu misma presencia" (Job 1:11; 2:5). Hasta la esposa de Job lo aconsejó: "Maldice a Dios, y muérete" (2:9). Sin embargo, a pesar de tanta tragedia y las palabras desalentadoras de su esposa, la Biblia nos dice: "En todo esto no pecó Job con sus labios" (v. 10). Retuvo su integridad (v. 9).

El "carácter" ha sido descrito como lo que somos cuando estamos solos. Esta fue realmente la situación de Job. Solo, sin un centavo y cubierto de la cabeza a los pies con dolorosas llagas, vemos su carácter interior revelado por medio de sus oraciones.

La oración en la vida de Job

La Biblia afirma que Job: "era [un] hombre perfecto y recto, temeroso de Dios y apartado del mal" (1:1). Cuando uno lee los tres primeros capítulos acerca de la historia de la vida de este hombre, los detalles de su dolor y sufrimiento, uno pensaría que iba a leer sobre sentimientos de duda, ira y desconcierto. Pero ese no es el caso de Job. Dios dice que: "no pecó Job con sus labios" (2:10). Y entonces empezamos a comprender; hubiera sido muy difícil para Job tener un carácter extraordinario de no ser un hombre de oración. ¡Y sin dudas fue un hombre de oración!

Job ofreció una oración de intercesión: La oración nos da un privilegio único. Podemos interceder por los demás. La historia de Job comienza orando por sus hijos (1:4-5) y termina orando por sus amigos (42:10). La intercesión de Job por su familia es un tanto única en las Escrituras y se ve puesto en práctica solo en unas cuantas ocasiones:

- Rebeca era estéril: "Y oró Isaac a Jehová por su mujer, que era estéril" (Gn. 25:21).
- María, la hermana de Moisés, fue castigada con la lepra porque había cuestionado su liderazgo y: "Moisés clamó a Jehová, diciendo: Te ruego, oh Dios, que la sanes ahora" (Nm. 12:13).

- El hijo recién nacido del rey David estaba enfermo y: "Entonces David rogó a Dios por el niño; y ayunó David, y entró, y pasó la noche acostado en tierra" (2 S. 12:16).
- Un niño endemoniado fue llevado ante Jesús y el padre le pidió a Jesús: "si puedes hacer algo, ten misericordia de nosotros, y ayúdanos" (Mr. 9:22).

Job, también, era un padre preocupado. Oraba fielmente por sus siete hijos y tres hijas, otra indicación más de lo profundo de su carácter y de su devoción espiritual. ¡Qué ejemplo les da Job a los padres! "Se levantaba de mañana y ofrecía holocaustos conforme al número de todos ellos. Porque decía Job: Quizá habrán pecado mis hijos, y habrán blasfemado contra Dios en sus corazones. De esta manera hacía todos los días" (Job 1:5).

A través de los años, he tratado de seguir el ejemplo de Job orando regularmente por mis dos hijas. Cuando eran niñas, oraba para que Dios actuara sobre sus corazones y llegaran a conocer a Jesús como su salvador. A medida que se hicieron adolescentes, oré para que Dios les presentara jóvenes piadosos en sus vidas. Y ahora oro por sus esposos, su hogar, sus hijos y su dedicación continua a Dios. Orar por los nietos es una nueva faceta en mis oraciones. Déjeme decirle de todo corazón que si usted es padre o madre, abuelo o abuela, ¡no deje de orar por sus hijos y los hijos de sus hijos!

De hecho, esa costumbre pudiera convertirse en un trabajo a tiempo completo, como descubrió mi esposa, Elizabeth, un día mientras hacía uso de la palabra en una conferencia de mujeres. En uno de los recesos, una mujer le contó que se había comprometido a orar diez minutos al día por su primer nieto cuando este naciera. (¡Un compromiso digno de admiración!)

Ahora la fiel abuela tiene 23 nietos y ha cumplido fielmente su compromiso de orar por cada nieto diez minutos al día. ¡Eso asciende a alrededor de cuatro horas de oración cada día!

Una enseñanza para aprender acerca de la oración

La oración es un ejercicio del corazón. Es un acto de comunicación con el Dios eterno acerca de lo más importante y lo más apremiante en la vida de uno. En cuanto a Job, su centro de atención estaba en lo más importante y lo más apremiante: Su familia y su condición espiritual. ¿Qué es importante y apremiante en la vida de usted? ¿Su centro de atención está en las personas más allegadas a usted, en los miembros de su familia?

Conjuntamente con la atención centrada en la familia debe ir la frecuencia. Job oraba "regularmente". ¿Ora usted regularmente por las personas más allegadas a usted? ¿Por otras personas? ¿Para interceder por alguien?

Pero la vida de oración de Job nos enseña más. Además de centro de atención y frecuencia, debe haber fervor. Job: "se levantaba de mañana y ofrecía holocaustos conforme al número de todos ellos", es decir, sus diez hijos (1:5). Es cierto lo que dice Santiago 5:16: "La oración eficaz del justo puede mucho". Que podamos aprender bien las enseñanzas de la oración intercesora: ¡Ore con propósito, con frecuencia y con fervor!

Job ofreció una oración de resignación: La pérdida de todos los bienes es nada en comparación con la pérdida de todos los hijos. ¡Esa sería una tragedia inconcebible! ¿Cómo respondería usted ante una tragedia de esa magnitud? ¿Cómo podría hacerlo?

Job sigue siendo un excelente ejemplo a seguir. Él expresó todos los elementos de dolor del Antiguo Testamento: "Job se levantó, y rasgó su manto, y rasuró su cabeza". Pero también dio el próximo paso de fundamental importancia: "se postró en tierra y adoró". En vez de maldecir a Dios como hacen algunas personas, Job ofreció una oración de confianza, bendiciendo el nombre de Dios (Job 1:20-21).

La oración de Job de resignación a la mano providencial de Dios fue: "Jehová dio, y Jehová quitó" (v. 21). Su piadosa respuesta desmintió indiscutiblemente las acusaciones de Satanás de que si Dios permitía afligir a Job, este maldeciría a Dios (1:11; 2:5). En cambio, Job confió en Dios y bendijo su nombre.

Job entendía un poco la naturaleza y los atributos de Dios. Su oración de resignación fue simplemente un acto para honrar a Dios por su providencia y dirección. No obstante la apariencia de las circunstancias, el Dios soberano del universo estaba cumpliendo su voluntad. Por lo tanto, todo le saldría bien a Job.

Una enseñanza para aprender acerca de la oración

Cuando la esposa de Job sugirió que blasfemara contra Dios y muriera, Job le respondió de manera tal que le comunicaba su resignación a la voluntad de Dios: "¿Recibiremos de Dios el bien, y el mal no lo recibiremos?" (2:10). A veces cuando sufrimos, si no ponemos cuidado, podemos actuar como la esposa de Job y decir tonterías sobre Dios y nuestra situación. La oración nos ayuda a someternos a lo que Dios está haciendo en nuestras vidas de una forma que honra a Dios.

Recuerde dos cosas cuando ora: Primero, todo lo que le sucede a usted pasa por el filtro de Dios, hasta lo que parece una tragedia (1:6–2:10). Y segundo, todo por lo que Dios hace que usted pase es por su bien supremo y su gloria. Dios solo busca dar: "buenas cosas" a sus hijos (Mt. 7:11).

La próxima vez que la tragedia azote y no encuentra los motivos, deje que la oración de resignación de Jesús a Dios el Padre antes de la crucifixión sea su oración: "no sea como yo quiero, sino como tú" (Mt 26:39).

Job ofreció una oración de autocompasión: Con gran resolución y confianza, Job comenzó su suplicio de sufrimiento. Pero después de su experiencia de dolor y sufrimiento durante una semana (Job 2:11-13), Job estaba dispuesto a rendirse, a ser liberado de su malestar y a morir. Desdichadamente, lamentándose, ofreció una oración de autocompasión: "¡Quién me diera que viniese mi petición, y que me otorgase Dios lo que anhelo, y que agradara a Dios quebrantarme; que soltara su mano, y acabara conmigo!" (6:8). Esta fue una oración de petición que Dios no le otorgaría a Job. Dios tenía un plan más importante para su siervo y la muerte en ese momento no era una opción. El temple de Job estaba siendo puesto a prueba en el fuego de la adversidad para ver si su fe era realmente pura, una fe más preciosa que el oro (1 P. 1:7).

*Una enseñanza para aprender
acerca de la oración*

Tenemos la tendencia, como Job, a querer rendirnos y salir de las cosas malas de la vida... ¡Y rápido! No es ningún problema confiar en Dios en los buenos tiempos, pero confiar en Él durante los tiempos difíciles decididamente pone a prueba nuestra fe al máximo. Pero es ahí exactamente donde Dios nos quiere y lo que quiere de nosotros: Quiere que confiemos en Él plenamente. Dios dice: "Bástate mi gracia; porque mi poder se perfecciona en la debilidad" (2 Co. 12:9).

La próxima vez que usted sienta deseos de rendirse, recuerde la gracia de Dios. Lo ayudará a sobrellevar sus sufrimientos. Y en vez de orar para que Dios: "Le ponga fin a todo", ore para que Dios: "Lo use todo" para su gloria y para nuestro bien.

Job ofreció una oración de comprensión: En medio de su horrendo sufrimiento, algunos amigos de Job fueron a consolarlo. (Como verá, con amigos como estos, ¡Job no necesitaba enemigos!) Una teología incorrecta hizo que ellos llegaran a la conclusión de que Job estaba sufriendo debido a algún pecado personal. Asimismo, ninguno de ellos, incluyendo a Job, no sabía de la discusión que se había producido anteriormente entre Dios y Satanás (Job 1:6–2:7).

El diálogo entre Job y sus amigos abarca la mayor parte del libro de Job (3:1–37:24). Cuando Bildad acusó a Job de haber cometido pecado, Job negó haber hecho mal y oró a Dios casi de manera osada, pidiendo respuestas. Job dijo: "Diré a Dios: No me condenes; hazme entender por qué contiendes conmigo" (10:2).

Las oraciones pidiendo comprensión son aceptables. No preguntó María, una virgen: "¿Cómo será esto?" (Lc 1:34) cuando le dieron la noticia de que concebiría y daría a luz al Hijo de Dios. El ángel Gabriel nunca reprendió a María por su cuestionamiento. Por el contrario, le explicó pacientemente cómo se produciría el milagroso acontecimiento (v. 35).

Pero el pobre Job, en su esfuerzo por comprender cómo y por qué estaba sufriendo, trató de pedirle cuentas a Dios. Entendía que estaba siendo injustamente acusado y exigió que Dios, el Juez, le diera pruebas de su condenación. En un momento terrible, abrumado por el dolor físico y el dolor emocional, Job expresó la vergonzosa idea de que Dios lo había creado solo para destruirlo. En su oración, expresada en agonía y sufrimiento, Job no mencionó ni una sola vez el nombre de Dios. Oró pidiendo comprensión, pero buscó sus propias respuestas a la vez que continuaba manteniendo su inocencia ante Dios (Job 10:2-22).

Una enseñanza para aprender acerca de la oración

Job se arrepintió de las muchas declaraciones que le hizo a Dios en esta y otras oraciones. Pero en este momento de su sufrimiento y de su frustración al no comprender lo que estaba sucediendo, Job se vio atrapado en la exigencia de respuestas, la tergiversación de Dios y su olvido sobre el amor de Dios por él.

¿Está usted sufriendo ahora en algún aspecto

de su vida? Examine sus oraciones para ver si
quizás esté haciendo lo mismo que Job al exigir
respuestas. En su desesperación por comprender
lo que está sucediendo, contenga los deseos de:
"Pedirle cuentas a Dios". No pregunte "¿Por qué?"
como hizo Job. Al contrario, siga el ejemplo de María
y pregunte humildemente "¿Cómo?" No ore para
comprender. Ore por una mejor comprensión de Dios.
Y siga poniendo su confianza en el Juez justo.

Job ofreció una oración de súplica: Orar en súplica significa
pedir de todo corazón, rogar, instar o implorar. En medio de
su dolor personal y la incesante insistencia de sus amigos, Job
continuó pidiendo una oportunidad para declarar su inocencia
ante Dios. Quería tener la oportunidad de alegar su causa ante
el Juez Todopoderoso. Job oró: "¡Quién me diera el saber dónde
hallar a Dios! Yo iría hasta su silla. Expondría mi causa delante
de Él" (23:3-4).

Una enseñanza para aprender acerca de la oración

El dolor y el sufrimiento son difíciles de soportar.
Y suplicamos. Rogamos. Imploramos. Queremos
curarnos, ser felices, que se haga justicia. Entonces,
si el sufrimiento continúa y el dolor no se quita,
o la situación no mejora, podemos impacientarnos
con facilidad. Todas estas preocupaciones son
válidas, pero finalmente debemos preguntar: ¿A
quién le sería útil si nuestras oraciones pidiendo

alivio fueran atendidas? A otras personas quizás, pero sobre todo a uno mismo.

Es bueno aprender a exponer nuestra causa ante el Juez Justo por medio de la oración, en súplica. Pero también hay que aprender a dejar que Dios, el Juez, determine a quién le es más útil su situación. Déle gracias a Dios por su amor y por el maravilloso plan para su vida: "Porque yo sé los pensamientos que tengo acerca de vosotros, dice Jehová, pensamientos de paz, y no de mal, para daros el fin que esperáis" (Jer. 29:11).

Job ofreció una oración de arrepentimiento: A partir de una sencilla pero profunda oración de confianza: "Jehová dio, y Jehová quitó; sea el nombre de Jehová bendito" (Job 1:21), Job comenzó a recorrer una serie de oraciones de quejas y severos cuestionamientos. Con el tiempo, Dios se cansó. Hablando con Job desde un torbellino, Dios interrogó a Job y lo reprendió por su incapacidad de verdaderamente comprenderlo y confiar en su sabiduría (38:1—41:34).

Al final de la inquisición de Dios, Job regresó a su anterior y sencilla confianza en Dios. Mas ahora era una confianza basada en una mejor comprensión. En confesión y arrepentimiento, Job humildemente reconoció la grandeza de Dios y de su propia insolencia. Sumisamente aceptó su situación y renunció a su deseo de saber por qué. Oiga su arrepentimiento: "Yo hablaba lo que no entendía; cosas demasiado maravillosas para mí, que yo no comprendía... me aborrezco y me arrepiento en polvo y ceniza" (42:3, 6).

Fíjese que nada había cambiado para Job. Aún seguía cubierto de llagas. Seguía sin bienes ni familia. Dios no había cambiado nada... pero había transformado el corazón de su siervo Job y esa era la primera prioridad de Dios para él. Job se convirtió en un humilde siervo de Dios ¡Que aceptaba la voluntad de Dios sin quejas, ni preguntas ni ignorancia! (Y como comentario al margen: "Y bendijo Jehová el postrer estado de Job más que el primero". Le dio a Job siete hijos y tres hijas y salud para vivir 140 años y ver: "a sus hijos, y a los hijos de sus hijos, hasta la cuarta generación", 42:12-16.)

Una enseñanza para aprender acerca de la oración

¿Alguna vez ha hecho usted una declaración poco adecuada a una persona o acerca de otra persona solo porque no tenía la información completa? Desdichadamente, a menudo somos culpables de orar de manera poco adecuada a Dios y acerca de Dios porque ignoramos los hechos sobre Dios y de su voluntad.

No deje de leer la reprimenda de Dios por la ignorancia de Job como si fuera para usted (38:1-41:34). Luego, ofrezca su propia oración de arrepentimiento por cualquier pensamiento innoble que usted haya tenido de Dios o tiene ahora. Déle las gracias por su majestad y poder. Déle las gracias por su soberanía en su vida. Independientemente de lo que usted haga, no cuestione la sabiduría de Dios. Recuerde, Él no responde ante usted. ¡Usted responde ante Él!

El libro de Job, así como Job el hombre, nos ofrecen una mirada penetrante a la interacción entre Dios y Satanás. Nos ofrecen una mirada aleccionadora de cómo podemos juzgar mal el sufrimiento de otras personas. Nos ofrecen una mirada de humildad sobre la forma incorrecta en que nos dirigimos a nuestro poderoso y magnifico Dios. Y nos ofrecen una mirada privilegiada al reino celestial de Dios y su control sobre todas las cosas.

Al final, cuando Dios finalmente le habló a Job, Él no le dio a Job una respuesta a su pregunta de "por qué". Por el contrario, Dios le recalcó a Job que era mejor conocer a Dios que conocer respuestas. El sufrimiento de Job fue una prueba para reafirmar y perfeccionar su carácter... y otra oportunidad para Dios para glorificarse. Esto le da un nuevo matiz a nuestro sufrimiento, ¿no es verdad? ¿Quién no quisiera pulir su carácter y honrar a Dios?

Necesitamos la ayuda de Dios... ¡y rápido! Deborah Smith Pegues, especialista en comportamiento humano y autora de *Controla tu lengua en 30 días* (con más de 280.000 copias vendidas), ofrece a los lectores una guía de oración para momentos de crisis que cubre todas las circunstancias y necesidades de la vida actual. Breves, inmediatas y sinceras, estas oraciones traen la Palabra de Dios a la mente del lector que levanta gritos pidiendo:

- Ayuda en medio de las batallas del hogar
- Orientación y control financieros
- Poder para resistir las tentaciones
- Guía en las decisiones importantes
- Consuelo en medio del dolor

ISBN: 978-0-8254-1792-4